Samuel Christoph Wagener

Über die Pfalz am Rhein und deren Nachbarschaft

Besonders in Hinsicht auf den gegenwärtigen Krieg, auf Naturschönheiten, Kultur und Altertümer. Zweiter Band

Samuel Christoph Wagener

Über die Pfalz am Rhein und deren Nachbarschaft
Besonders in Hinsicht auf den gegenwärtigen Krieg, auf Naturschönheiten, Kultur und Altertümer. Zweiter Band

ISBN/EAN: 9783743602892

Hergestellt in Europa, USA, Kanada, Australien, Japan

Cover: Foto ©Andreas Hilbeck / pixelio.de

Weitere Bücher finden Sie auf **www.hansebooks.com**

Ueber die

Pfalz am Rhein

und

deren Nachbarschaft.

Besonders
in Hinsicht auf den gegenwärtigen Krieg,
auf Naturschönheiten, Kultur
und Alterthümer.

Von
einem Beobachter,
welcher die Feldzüge der verbündeten deutschen
Heere gegen die Neufranken mitmacht.

Zweites Bändchen.

Brandenburg,
in der Leichschen Buchhandlung.
1795.

Zehnter Brief.

Inhalt.

Batteriensturm bei Tripstadt — Rückzug der Preußen — Etwas zur Steuer der Wahrheit — Ähnlichkeit der Deutschen am Rhein mit den Franzosen — Provinzialismen des Pfälzers — Von einer Schwefelbande — Wie man am Kriege sterben kann — Klare Begriffe des hiesigen Bauern — Landesgesetzlicher Müßiggang — Vorzug des pfälzischen Schweinehirten — Herrstraße zum Institamte — Pater Kaspars Stoßseufzerlein — Skandalöses Gebethbuch. —

Kant. Quart. Alzei im Jul. 1794.

Das kriegerische Vorspiel bei Tripstadt in der ersten Hälfte dieses Monats, wovon ich Ihnen, liebster Freund, in meinem letzten Briefe aus Neustadt an der Hart schrieb, und welches als eine übele Vorbedeutung angesehen wurde, hat sich am 13ten d. M. leider als eine solche bestätigt. An diesem Tage erbeutete der Feind bei seinem wüthenden Angriffe der Preußen unter Hohenlohe, und in der beispiellosen Bestürmung unserer Batterie bei Tripstadt — achtzehn preußische Kanonen — die ersten, welche er in den zwei letzten Feldzügen von uns aufzuweisen hat. Auch hat er sie theuer genug bezahlet.

Der G. F. M. von Möllendorf zog sich darauf, ohne weitern Verlust ein wenig zurück, in die Ebene bei Ober- und Nieder-Flörsheim. Da würde er dem Feinde die Beute, vielleicht gut verzinset, unstreitig wieder abgenommen haben, wenn er, im Verfolgen seines Vortheils, uns gefolgt wäre. Allein er roch Lunte, wie man hier recht eigentlich sagen könnte; und bezeigte, in seinem Jubel, über dem ihm noch nicht vorgekommenen Vortheil, so wenig Lust, sich im offenen Felde mit uns zu messen, daß er sich nicht einmal getrauete, das von uns verlassene Kayserslautern zu besetzen.

Der preußischen Infanterie ist der Verlust unserer Batterie auf der tripstädter Höhe warlich nicht zuzuschreiben, denn sie war brav wie ein Löwe. Den Artilleristen eben so wenig, denn
sie

sie haben, auf die unerhörteste Weise, nicht weniger als zwei und dreißig Kartätschenschüsse aus der verlohrnen Batterie in gehöriger Schußweite auf den Feind gethan. Und unsre Kavallerie kann schon darum nichts dabey versäumt haben, weil sie in der überaus waldigten Gebirgsgegend bey Tripstadt wenig oder gar keine Dienste thun kann.

Aber wie ging es denn zu, werden Sie fragen, daß die Preußen, die in den bisherigen Gefechten fast jedesmal feindliche Kanonen erbeuteten, jetzt die ihrigen verlohren? Lassen Sie uns aufrichtig sein, liebster Freund, und bekennen, daß der Schlüssel zu dieser wundersamen und ungewöhnlichen Begebenheit — fast allein in der musterhaften Schlauigkeit, Kühnheit und Entschlossenheit des Feindes zu suchen ist. Zwar soll es äußerst schwer sein, das Terrain des Waldgebirges bei Tripstadt mit einer mäßigen Anzahl Truppen so zu besetzen, daß man den mit List, Gewalt und zu starker Ueberlegenheit vordringenden Feind auf jeden Fall zurückzuweisen versichert sein darf; Allein ich überlasse es Sachkundigen, und denen, die vermöge ihres Standpunktes das Ganze zu übersehen, im Stande sind, zu urtheilen, ob jenes unerwartete Ereigniß hierin mit gegründet sein mag.

[6]

Gewiß ist, daß die stürmenden Franzosen bei Tripstadt mit so vieler Geistesgegenwart zu Werke geschritten sind, wie man von Fechtenden, die immer und immer in der Raserei des Brantweindunstes und der Empfindungslosigkeit der Opiate handeln sollen, schlechterdings nicht erwarten kann. Unsre Batterie war auf einer furchtbaren Höhe errichtet, und mit einem fast undurchdringlichen Verhack umgeben, welches der Feind im Kartätschenfeuer eröffnen mußte; Er ließ sich dadurch nicht abhalten zu versuchen, ob hier vielleicht selbst das Unmögliche möglich zu machen sei. Die Entschlossenheit und Eilfertigkeit, womit die Neufranken, trotz unserer todverbreitenden Gegenvorkehrungen, dennoch ein Hinderniß nach dem andern überwanden, wird von allen, die davon Augenzeugen waren, als außerordentlich beschrieben. Einer von diesen, ein glaubhafter preußischer Officier, hat mir eine Beschreibung davon gemacht, die ich Ihnen hier mittheilen würde, wenn sie nicht eine zu weitläuftige Apologie der feindlichen Bravheit wäre. Die zwei und dreyßig Kartätschensalven unserer Batterie auf die Stürmenden bey Tripstadt — im ganzen siebenjährigen Kriege sollen wir nie Gelegenheit gehabt haben, bei einem und demselben Angriff so viel dergleichen Schüsse hintereinander zu thun — verbreiteten freilich Tod und Vernichtung um sich her; Allein verhältnißmäßig würden von den Stürmenden noch viel mehr auf dem Platze geblieben sein, wenn

sie

sie nicht mit vieler Besonnenheit und seltener Geistesgegenwart den Zwischenraum von wenig Augenblicken, der zwischen den Salven der Batterien statt findet, meisterhaft benutzt hätten, und nicht auf dem Bauche unter dem Verhakke durchgekrochen und vorgerückt wären, so daß nothwendig eine Menge Kartätschen über sie hinfliegen und ohne Wirkung bleiben mußten.

Aber lassen Sie uns von etwas anderem sprechen. — Ich habe seit einiger Zeit besonders Gelegenheit gehabt, den Pfälzer immer mehr zu studiren, und kennen zu lernen. Er scheint mir in mehr als einer Hinsicht zwischen dem Deutschen und dem Franzosen in der Mitte zu stehen. Das Blut, welches in den Adern des letzten so flüchtig rollt, seinem Temperamente eine leichtsinnige Munterkeit und seinem ganzen Wesen eine gewisse Gewandheit und Leichtigkeit giebt, vollendet seinen Kreislauf fast eben so rasch auch in dem Bewohner dieser Rheingegenden und namentlich in dem Pfälzer. Wahrscheinlich rührt dies hauptsächlich mit daher, weil er es täglich durch den Genuß des schmackhaften Erzeugnisses seiner fruchtbaren Berge erfrischt. Wenn dagegen des Pfälzers Landsmann in dem mittleren und nördlichern Deutschlande nicht nur fast gar keinen Wein trinkt, sondern vielmehr durch das tägliche Getränk des mästenden, die Säfte verdickenden Bieres sein Blut noch träger macht, als es vermöge des Klimas, und des ihm angeerbten Temperaments ohnehin schon war, so ist es kein Wunder, daß dieser in dem Pfälzer und Rheinbewohner beinahe den Deutschen vorkommt.

Selbst die deutsche Mundart des Pfälzers französirt schon in mancher Hinsicht; und beweiset durch einige ihrer Eigenthümlichkeiten, und namentlich durch das Verschlukken mehrerer Buchstaben, besonders des Mitlauters N am Ende der Zeitwörter, daß seine größere Flüchtigkeit und seine Sprachorgane schon mehr die Geschmeidigkeit und Gewandheit der französischen Sprache erheischen.

Um Sie, liebster Freund, mit den gewöhnlichsten Provinzialismen der Pfalz einigermaßen bekannt zu machen, theile ich Ihnen meine vorgestrige Unterhaltung mit einem pfälzischen Bauer mit, bei welchem ich im vorjährigen Feldzuge einige Tage einquartirt war, und den ich schon als einen Mann von gesunden Begriffen und als einen sehr rechtschaffenen Unterthan und Hausvater kennen und schäzen gelernt hatte. Ich traf ihn ohnweit Kreuznach auf der Landstraße an, und unser unvermuthetes Wiederfinden erfreuete uns beiderseits gleich sehr. So weit mir mein Gedächtniß treu ist, werde ich den Ausdruck des Bauers wörtlich beibehalten, und das was Er sagte, genau so schreiben wie hier gesprochen

sprochen wird. Nur da, wo ich glaube, daß Sie den Sinn der pfälzischen Mundart nicht gleich errathen möchten, werd' ich die Verdolmetschung eingeklammert darauf folgen lassen. Nach den gewöhnlichen Bewillkommungen fuhr der Bauersmann also fort:

Er: Mein! muß ich hie den Herr' **** wiederfinde'! O, das ist mir kar sehr ahnkenehm. Hätte Sie kaum wieder kenne' solle'. Aber wo wolle' Sie dann hinmache'? — [wo wollen Sie hinreisen?]

Ich: Ich reise nach Oppenheim, guter alter Freund!

Er: Uf Uppen'm! mein! das ist kar kut, ich schaffe wirklich uf Mehnz; [ich reise nach Mainz] da könne' mirr noch für's erste beisamme' reite', und eppes miteinander schwatze'.

Ich: Freund, da läßt Er Seine Reitpeitsche fallen.

Er: Steh Kaul! sollte vor Freude wohl kar meine Keißel verliere'.

Ich: Nun erzähl Er mir doch, wie ist es Ihm seit Jahr und Tag gegangen?

Er: Ich wills nit rühme'! 's hat immer viel Volk [Soldaten] in unserm Dorfe k'lege', und mirr hann wirklich zur K'nige auskestande'.

Ich: Er hat also auch oft Einquartirung gehabt?

Er:

Er: O kewiß! Der Schultheis wird mich nit verschone'; mirr han wirklich zuweile' sibbenzehn Dragoner mit eineinmal im Hause kehabt. [Das Wort wirt! ich ist ein Lieblingswort der Pfälzer, dessen sie sich sehr oft auch da bedienen, wo es gar keiner Versicherung bedarf; und Dragoner nennen sie jeden schweren Kürassier.]

Ich: Konnte Er so viele Pferde unterbringen?

Er: Was batt's, ich mußte! [was hilft's, ich mußte!]

Ich: War Er denn mit Seinen Gästen so ziemlich zufrieden?

Er: Ei ja wohl! es waren halt kar wüschte Kerle! [Der Ausdruck: ei ja wohl! ist bei den Pfälzern alleinmal Jronie, und sagt soviel als: keinesweges! Ehe jeder Preuße einzeln dies aus Erfahrung abstrahirte, wurden mancherlei oft lächerliche Mißverständnisse dadurch veranlaßt.]

Ich: Von welchem Regimente waren denn die bösen Kerls?

Er: Von des Seekuli Schwefelbande.

Ich: Brr! das ist ja ein fürchterlicher Name, den Er da dem seekulischen Corps giebt. Dabei mögte man ja an die Banden denken, welche inkognito in den Wäldern leben.

Er

Er: [schlau lächelnd] Kelte' Sie? [meinen Sie?] aber das Volk nennt sich selbst so; und was noch eppes schlimmer ist, es machts auch darnach.

Ich: Wie so? ich will nicht hoffen — —

Er: Nun wie's dann so keht: „Es ist Kriek!" diese Losung der Schwefelbande soll jtt so manche Ungerechtigkeit und Schurkenstreiche zubekke'; und mirr arme' Teufel müssen's all'sfort kut heiße'.

Ich: Ich verstehe ihn leider! Aber hat Er sich nicht zuweilen daran erinnert, was ich Ihm im vorigen Jahre über die unvermeidliche Nothwendigkeit der mehresten Kriegsübel sagte?

Er: O kewieß! Ich stöhre mich auch nit mehr d'ran, [nehme keinen Anstoß mehr daran,] wenn Ihr Herrn auf meinem Kappsfelde das Lager aufschlagt, oder auf meiner Saat scharmuzirt, oder in einer Nacht all' meinen Krumbeerakker verwüschtet. [meine Kartoffelfelder plündert.]

Ich: Aber seine liebe Frau?

Er: O das unkedulbige Kretel wills dem unfrigen Herr' Parr' durchaus nit klaube', was er ihr erst am Sambstak wieder über den Wert' er Leite' sagte, um sie zu beruhige'. [was er ihr erst am Sonnabend wieder über den Werth der Leiden sagte.]

Ich:

Ich: Warum bekehrt Er selbst Sein gutes Weib nicht zu Seinen Hoffnungen und zu Seinem Männersinne selbst in dem tollsten und drükkendsten Kriegsungemach?

Er: Ja, ja! der kute Will ist wohl da! allein das Kretel ist zwar ein kutes, aber nur ein schwaches Weibl. Kerne macht sie, wenn's verlangt wird, mit ihren Kihen Platz vor die Keile [für die Pferde] der Drakoner, aber sie wird unkeduldig, wann das Volk ihr dann auch noch, das Heu und Stroh vom Boden stielt, und ihre Kihe driber verhungere'. Kerne macht sie täglich sibbenzehn unkebetne Käste satt, so kut sich's thun lasse' will; aber sie weint, wann dieselbigen uns dennoch Patriotenpack schimpfe', denn nach der Meinung der Kerle ist es eppes Ehrloses, ein **deutscher Patriot** zu sein.

Ich zukte theilnehmend die Achseln, und schwieg, denn ich fühlte leider, wie sehr er Recht hat.

Er: [ernsthaft und mit Nachdruck] Ja so ist's!

Ich: Aber was macht Seine älteste Tochter, Sein Augapfel und seines Herzens Freude? Wie gings dem guten Kinde, als die Franzosen bei Euch waren?

Er: O die Barbe war damals schon keflohet bei ihrem Ohm in Rinkau [war schon zu ihrem Oheim

Oheim im Rheingau geflüchtet.] Jetzt ist sie wirklich wieder daheme; aber sie hat'n Ibbl erlebt.

Ich: Wie so, was für ein Uebel hat sie erlebt?

Er: Sie holte den Drakonern Wein aus dem Kel-
ler, vor zu trinke', da liefen einige wüschte Kerle
von der Schwefelbande hinter sie her. Sie fiel vor
Angst die Treppe hinab, und kam daheme mit einem kroße' Loch im Ahnkesichte.

Ich: O weh, das arme schöne Kind! — Wo hatte
sich Obrist Scekuli einquartiert, da er in Eurem
Dorfe lag?

Er: Der Scekuli lag in's Parr's [nämlich in des
Pfarrers Wohnung — eine hier sehr gewöhnliche
Ellipse.] Kottlob, daß mir ihn los sind. Er hat
manchen Pälzer zu Tode kedngstet.

Ich: Jetzt ist er die Geißel der Insurgenten in
Pohlen.

Er: Die arme Insurgente'! sie konnte nit härter
kezüchtigt werde'!

Ich: Was macht Euer Geistliche?

Er: Menen Sie den Paff, oder den Parr'?

Ich: Was kümmert mich der intolerante katholische
Paff; ich meine Euren protestantischen Pfarrer.

Er:

Er: O der kute Herr' ist wohl auf. Seitdem ihm der Pape [auch die Erwachsenen der gebildetern Stände sagen hier mein Pape, wenn sie von ihrem Vater reden:] kestorbe' ist, hat er sein Parrkut verlehnt. [verpachtet.]

Ich: Ei, der alte Vater, war im Herbste noch so munter. Woran ist er gestorben?

Er: Am Krick! Es stirbt jat so mancher Pälzer dran. Das Scharmüzel am achtzehnten Dezember bei dem unsrigen Dorfe sezte auch ihn in Angst und Schrekke'. Als der Seekuli das Kreuznacherland in Stich ließ, kame' die Franzosen in's Dorf, um zu plündere'. Ein Paar muthwillige Nationalbube' zogen des Herr' Paar's Pape nakkend aus. Sie fingen bei den Stibbele' [Stiefeln] an, und härten beim Hemde auf. Die Angst zog ihm ein hiziges Fiber zu, und da war's um ihn keschähn.

Ich: Der böse, unselige Krieg!

Er: Wohl unselig! Die Klubist' zu Mehnz selbst nannten ihn so; aber sie sezten hinzu, er würde selige Folge' habe'.

Ich: Vielleicht; nur Schade, daß Er und ich sie erleben werden.

Er: Das sage' Sie nit. Mirr Pälzer dißeit des Rheins erlebe sie kewieß! Denn — mit allem
Respekt

Respekt für euch Preuße' — mirr klaube' noch nit, daß Ihr uns werdet schütze' und unser Land behaupte' könne'.

Ich: Nun dann, Freund! ist sein Vertraun zu den Waffen der Verbündeten warlich nicht groß. Aber gesetzt auch, Ihr würdet bei dem je einmal erfolgenden Frieden auf irgend eine Art französisch: sag Er mir einen einzigen Fall, wie Ihr dabei offenbar gewinnen würdet. —

Er: Ei wohl zwei Fälle, statt einen.

Ich: Aber Er ist doch ein verständiger Mann, Er wird doch nicht etwa glauben, daß mit der französischen Freiheit z. B. die Freiheit von Abgaben und Staatslasten verbunden sei?

Er: Mein! das klaubt ja kein vernünftiger Mann in ganz Frankreich, warum sollte ichs klaube'. In des Herr' Professors Dorsch zu Straßburg kehaltenen Rede steht's kanz klar: die politische Freiheit, für welche die Franzose jzt fechte', bestehe bloß darin, alles thun zu könne', was nit durch das Kesetz verbote' sei, aber die Kesetze ihrer Nation sind vernünftig.

Ich: Er hat also die Rede gelesen? Wie kam denn die in Seine Hände.

Er:

Er: Die mainzische Klubiste' haben ſie, nebſt vielen andern Reden, ausketheilt unter uns Landleut'.

Ich: Wenn Er doch noch etwas daraus behalten hätte, und mir erzählen könnte.

Er: O ich habe faſt die kanze Rede noch im Ke= dächtniß; denn was mir kefällt, das leſ' ich kern zweimal. „So wie Chriſtus, der ſeine Anhän= ger frei machte — heißt es unter andern darin — darum nit alle Keſetze aufhob, ſondern ſie nur von dem Joche dererjenigen befreiete, die den Zeiten und Umſtänden nit mehr ahnkemeſſen, mithin un= nütz und ſchädlich waren: eben ſo hebt auch die keſetzkebende Kewalt der Neufranken keineswegs alle Keſetze auf, ſondern befreiet uns nur von je= nen unwürdigen, mit welchen die urſprünklichen Rechte des Menſchen nit beſtehen könne', und wel= che bloß zu Kunſten einiger Klieder des Staats ke= keben worde' ſind."

Ich: Er ſcheint ein überaus glückliches Gedächtniß zu haben. — Aber Er iſt mir noch den Beweis ſchuldig, daß die Pfälzer unter franzöſiſchem Schutze unſtreitig gewinnen müßten.

Er: Kanz recht! das hätt ich wirklich ſchier ver= keſſe'; drum habe' Sie mein Kedächtniß zur un= rechten Zeit kerühmt.

                                        Ich:

[17]

Ich: Thut nichts; halt Er jetzt nur Wort.

Er: Wir Proteſtante' in der Palz ſind z. B. kezwunge', auch an ſolchen Feſttagen der Katholike', die mirr nit mitfeire', mit zu faulenze', keſetzt auch, mirr hätte' noch ſo nöthig in unſern Wingerten [Weinbergen] und auf dem Akker zu thun. Das ſchlimmſte dabei iſt, daß die mehrſte katholiſche Feſttage in einer Jahreszeit falle', wo man kerne jede Stunde benützte. Alle kute Wirthe hann ihren ſchwören Aerger darüber; aber was batt's, mirr müſſe dann die Hände in den Schoß lege', und wann auch die kanze Wirthſchaft darüber den Krebskang kehe' ſollte. In manchem pälziſchen Dorfe, das drei-bis vierhundert Seelen zählt, ſind vielleicht zwanzig Katholiken; wann dieſe zwanzig das Feſt eines ſo kenannten Heiligen feiere', müſſen alle übrige im Dorfe müßig ſehn. Nein kewiß! die Vernunft kann ein Keſetz nit kekebe' habe, welches auf eine ſo unvernünftige Art eine Religionspartei bekünſtigt, die bei weitem die kleinſte Zahl der Einwohner im Lande ausmacht. Ja was noch mehr iſt, die Katholike' habe' nit einmal einigen Kewinn von unſerm durch Landeskeſetze befohlenen Müſigkange; es müſte dann etwa ein Kewinn für ſie ſein, daß mirr auf dieſe Art eben ſo wenig wohlhabend werden könne, als ſie ſelbſt es ſind. Denn mirr kehen an den kleinen katholiſchen Feſttagen aus Langeweile in die Weinhäuſer, und verſaufen kute Sitten, Kelt und Keſundheit. —

Zweiter Theil. B Nun

Nun sage' Sie mir aufrichtig, mein Herr ***, sollten die Franzose nit ein Kesetz bei uns aufhebe, das so kanz unkerecht ist, und aller kesunden Politik so krabezu widerspricht? —

Welche Beredsamkeit bei einem Bauersmanne! welche Sünfluth von Bemerkungen des kultivirten Verstandes! Ich glaube, es vergeht ein ganzes Jahr, ehr der Bauer an der Weser und Elbe so viel Worte und Gedanken zu Markte bringt. Ich befand mich wegen der Antwort in einer Verlegenheit, die ich in der Mine ausdrükken mogte; mein gutmüthiger Begleiter schien Mitleid mit mir zu haben, und fuhr, ohne meine Antwort zu erwarten, also fort:

Er: Auch müsse mirr Protestante' in der Palz uns zur Zeit manche Bedrükkung kefalle lasse, die wirklich bloß daher rührt, weil man auch in kanz protestantischen Dörfern und Städten wenigstens alle weltliche Aemter, vom Justizbeamte' an, bis zum Viehhirte' hinunter, mit Katholike' besetzt. Mirr hann schon den Fall erlebt, daß bei Erledigung einer Schultheißenstelle wirklich kein Katholik weiter im kanze Dorfe war, als etwa der Hirte: dann vertrauet man diese obrigkeitliche Stelle, die in unsren kroßen Dörfern, zumal in Kriegszeite', einen eppes keschikten und kanz redlichen Mann erfordert, lieber den unwissenden und oft boshaften Hirten an, als irgend einem rechtlichen Protestante'. Der wüschte

Kerl

Kerl schurigelt uns dann, wie es ihm beliebt, wozu sich die K'legenheite' schon finde' müsse'.

Ich: Aber warum verklagt Ihr so einen Schubbejack nicht, wenn er Ungerechtigkeiten begeht?

Er: Mirr könnte' wohl klage', aber — bei dem Herr' Amtmann; und der beißt seinen lieben katholischen Glaubenskenoß nit, weil ein Degen den andern in der Scheide hält, und eine Krähe der andern die Auge' nit aushackt.

Ich: Der Sinn dieser Sprüchwörter, auf gegenwärtigen Fall angewandt, ist mir noch nicht ganz deutlich.

Er: Die Art und Weise, wie unsre Beamte zu ihre Stelle klänge', soll Ihnen wirklich die Sache eppes begreiflicher mache': Sie kenne den ältesten Sohn unsres Herr' Amtmanns?

Ich: Das Bürschgen, das schon bei sechszehn Jahren ein Erztaugenichts ist?

Er: Eben der wird wahrscheinlich sehr bald die Person sein, die Recht und Gerechtigkeit unter uns handhabe' soll. Er hat die Versicherung schonst im Schubsakte; sie kostet seinem Pape baare dreitausend Kulde'. Der Pape ist alt und krau kworde' unter Ungerechtigkeiten, und weiß die Auslagen schonst wieder zu erwuchere'. Ob der Bub' auf der hohen Schul eppes lernt, und ein rechtschaffner Mann wird, oder nit, das thut nits zur Sache: kenug, er ist dereinst der unsrige K'richtshalter. Bliebe er aber kar zu unwissend, ei nun so kostet's ihm halt beim Antritt des Amts noch etwa tausend Kulde', und dann ist wirklich all's kut.

Ich: Daß sich Gott erbarme! Sollten wir bald am Scheidewege sein, so fürchte ich, ich werde mit traurigen Ideen von Ihm reisen.

Er: O mirr hann hier aber auch kar kute keit', selbst unter den Katholike', die einem das Herz wieder eppes zufriede stelle könne, so bald man an sie denkt. Ich selbst kenne deren zwei: den Herr' Parr' Kabriel Barz in der Probstei Sauerschwabenem, und den zur Zeit abkesetzten Herr' Trunk, vormals Parr' zu Bretten.

Ich: Den ersten habe auch ich als einen höchst achtungswürdigen Mann von Person kennen gelernt. Ich glaube, er wohnt nur in der Probstei Schwabenheim, seine Pfarre ist das benachbarte Dorf Bubenheim. Mögten doch alle Geistliche der Pfalz im stillen so viel Gutes wirken, wie er; und so viel Vergnügen daran finden, ihre Pfarrkinder nach und nach immer mehr von dem alles Gute erstikkenden Schlamme des Aberglaubens zu reinigen, und zu guten Menschen zu bilden.

Er:

Er: Hergegen ist auch bei unsern Mönchlein die heil'ge Einfalt und der Amtseifer für die Erhaltung des tollsten Aberglaubens so kroß, wie sie wirklich in erzkatholischen Gegenden nur sein kann.

Ich: Das glaub ich Ihm gerne: Art läßt von Art nicht.

Er: Ein Beispiel von kuttenlehnter Mönchsdummheit habe' Sie jzt kanz in der Nähe, in dem Kapuzinerpater Kaspar zu Alzei. Mirr hann ihn einmal eine Leichenrede halte' höre', die er mit folgendem Reimlein schloß, der Ihnen von der kanzen Rede und von seinem Keschmakke einigen Bekriff kebe' mak:

„O Tod! du infamer Rakker!
„Du hast kelegt unsern lieben Mitbruder auf den Kottesakker.
„Jzt liegt er im hölzernen Schlafrock,
„Wie die Säu im Brühtrock. Amen."

Ich: O Freund! Er ist der unterhaltendste Mann von der Welt! Ich hätte keinen angenehmern Gesellschafter antreffen können.

Er: Nun es soll mirr schonst lieb sein, wenn ich Ihnen nur keine Langeweile mache. — Ein andermal hörte ich eine Fastenpredigt, welche der nämliche Kapuziner mit folgenden empfindsamen Stoßseufzerlein anhub:

„Alle

„Allerheiligste Mutter Gottes!"
„Wie ist mirr doch so wunderlich! —
„So seitenhöhlverrückerlich! —
„So wunderfüßberlecherlich! —
„So christibusnarrhaftiklich! —
„Mariamagdalenitlich!. Amen!"

Ich — mußte laut auflachen, so wenig auch das Lachen jetzt meine Sache ist. "So amüsirt die Mönchsdummheit! nur in Bosheit muß sie nicht ausarten und übergehen."

Er: Ja, ja, Sie kebe dem Kinde den rechte Name. Denn oft kommt die Mönchsbosheit nit aus einem böse' Herze'; aber [sondern] aus Dummheit. Dies mal auch der Fall sein bei dem katholischen Herr' Parr' Woldast zu Bretten, und bei dessen Handlanger, einem Franziskanermönche, der die Religionsvorträge des kuten Trunk beschleiche', und ketzerische Lehre' auswittere' mußte, weshalb dann sie, die nit werth waren, ihm die Schuhriemen' aufzulöse', ihn bei dem kurpfälzischen Oberkonsistorium verklagte' und vom Amte brachte'.

Ich: Wie ist es möglich, daß selbst das geistliche Obergericht einen Mann mißhandeln konnte, welcher, nach der Versicherung seines vormaligen Amtsgeführten zu Bretten, des jetzigen Herrn Inspektors Ueberle zu Oppenheim, allgemein als der achtungswürdigste Volkslehrer, und als ein Mann

bekannt

bekannt ist, der mit reiner Wahrheitsliebe zugleich das beste Herz verbindet? —

Er: Wie das möklich ist, will ich Ihnen erkläre': Dem katholischen Oberkonsistorium kehrt es wahrscheinlich, wie dem Herr' Parr' Woldaß, der einmal zu dem Herr' Trunk sagte:

Wenn mirr alle, so wie Sie, kegen die Mißbräuche, und den Aberklauben unserer Kirche eifere' wollte', so würden die Protestante' sage', „sehet, die Katholike' erkennen dermalen selbst schonst die Thorheite' ihrer Religion, und werden bald mit uns einig sein" — Mein! was soll da aus unserer alleinseligmachenden Kirche werde'?

Ich: Schön gefragt! und was antwortete Ihm Herr Trunk darauf?

Er: Er lächelte der heiligen Einfalt; störte sich weiter nit daran, aber fuhr k'lassen fort, mit dem Pfunde kewissenhaft zu wuchere', welches ihm der liebe Kott anvertrauet hatte. *)

*) Besonders wohlthätig wirkte Pfarrer Trunk auf die Jugend zu Bretten ein. Einst zog er beim öffentlichen Kinderunterrichte das Gebethbuch: Schöner, wohl approbirter Heiligensegen betitelt, aus der Tasche, von welchem er wußte, daß es, ungeachtet seines albernen Inhalts, unter den Katholiken seiner Gegend hier und da noch im Gebrauche war, und las folgende Stellen daraus vor:

„Ehr-

Ich: Wie weit ist Badenheim von Alzei?

Er: Mein! sind Sie noch nit einmal zu Baden'em kewese'? und hann mein' Kevattersmann den Isak Maus noch nit einmal kenne' kelernt.

Ich:

„Christus sagt, die Zahl der Blutstropfen, so aus meinem Leibe geflossen, ist dreißigtausend, vierhundert und dreißig gewesen. Alle die da für ihn täglich sieben Vater Unser, und sieben Ave Maria, so lange, bis die obbemeldete Zahl meiner Blutstropfen wird vollbracht sein, denen will ich geben vollkommenen Ablaß aller ihrer Sünden; ich will sie den heiligen Märtyrern gleich achten, als ob sie für mich und meinen Glauben das Blut vergossen hätten."

„Folgende Grüßung hat achttausend Jahre Ablaß: Gegrüßet seist du, heiliger Mund und süßeste Kehl unsres Seligmachers! seid gegrüßet allerliebste Augen! gegrüßet seist du mildeste Brust Christi! seid gegrüßet ihr alleradelichste Ohren! seid gegrüßet ihr ehrwürdigen Adern Jesu Christi!" ꝛc.

„Ihr heiligen Sakramente lobet Gott für mich! ihr Zeremonien und Kirchengebräuche lobet Gott für mich, weil ich ihn nicht genug loben kann!"

Herr Trunk belehrte dann seine Zuhörer, daß und warum dergleichen Gebethe nicht bloß läppisch und unvernünftig, sondern auch schädlich wären — Ein andermal sagte er zu seiner Gemeinde: „Nicht leicht werdet ihr unterlassen, an den Sonn- und Festtagen einer Messe beizuwohnen; aber sehr oft versäumt ihr, das Wort Gottes in der Predigt anzuhören, da ihr doch nicht in der Messe, sondern in der Predigt lernen könnet, wie ihr christlich

Ich: Bis jetzt kenn' ich diesen merkwürdigen Bauer nur aus seinen gedruckten Gedichten.

Er: O Sie müsse' zu ihm reise', und meinen Freund auch s.he' und spreche', sonst sagen Sie ja nit, daß Sie in der Pfalz gewese' sind.

Ich: Ich werde ihn mir gewiß aufsuchen, zumal da meine großen Erwartungen von dem Herrn Maus, durch die angenehme nähere Bekanntschaft, die ich so eben mit seinem Freunde gemacht habe, noch vermehrt worden sind.

Er: [seinen Hut ein wenig rührend] Gehorsamer Diener! — — Ich bedaure nur um meinetwillen, daß mirr uns bald werde' scheide' müsse'; dann dort bei dem Ruhestein geht links ein Fußpad [Fußsteig] ab, all'skrabaus uf Mehnz, den muß ich nehme'.

Ich:

christlich und gottwohlgefällig leben sollet. Die Messe an den Sonn- und Festtagen zu hören, ist aber nur von der Kirche befohlen, ist folglich nur ein menschliches Gebot; hingegen Gott selbst hat befohlen, sein Wort fleißig zu hören und in einem reinen und guten Herzen zu bewahren: Wenn ihr nun an einem Feiertage nicht Zeit habt, beides, Messe und Predigt, zu hören, so sollet ihr lieber die Messe, als die Predigt versäumen; denn man muß Gott mehr gehorchen als den Menschen."

Sollte man es möglich halten, daß diese und ähnliche Aeußerungen den guten Trunk um die Pfarre brachten? Und doch ist es wirklich so! Der Wahrheitsmärtyrer privatisirt jetzt in Manheim, wo er von einem kleinen Jahrgelde lebt.

Ich: Dergleichen behauene fünf Fuß hohe Steine neben einer gewöhnlichen Banke hab' ich hier schon oft im freien Felde bemerkt; In welcher Absicht werden dergleichen Steine, die zum Ausruhen für den Wanderer viel zu hoch sind, dahin gestellt, und so gut unterhalten?

Er: Sie sind bestimmt für die Kopfträger, vor zu ruhe'; Sie finde' derkleichen nahe bei den Dörfern wenigstens alle tausend Schritte eins. Wann nämlich unsre Weiber und Kinder auf ihren Köpfen große Bündel Kappesblätter [Blätter vom weißen Kohl] und ander derkleichen Krütkraut dem Stallvieh, vor zu futtere', aus dem Felde hole', dann stelle' sie das Bündel auf die hohe Bank, um das Genick auszuruhe', während daß sie selbst auf der kleine Banke sitze'.

Ich: Die Reben dort hangen außerordentlich voll Trauben; wie lange wirds werden, so könnt Ihr herbstmachen [Weinlese halten].

Er: Kewieß! mirr hann heuer ein kesegnetes Jahr. Es wird ein köstlicher Wein kebe'. [Dieser unrichtige Nominativ ein köstlicher Wein, anstatt des Akkusativs ist hier ein nicht ungewöhnlicher Provinzialism; ich hab ihn im Umgange selbst bei solchen Personen bemerkt, welche die deutsche Sprache studirt haben, und schreibend dergleichen Unrichtigkeiten sich nie erlauben.] Die

Traube

Traube' zeitigen wirklich schönst, und mirr könne' die vierte Woche herbsten, wann der liebe Kott unsre Wingert ferner vor Unklick bewahrt.'

Ich: Aber was fangt Ihr mit dem vielen Obste an, das Ihr gewinnt.

Er: O die Quetsche' [Pflaumen] werden kroßentheils roh kekesse', auch wohl kebakke'. Die Piere' [Birnen] keben Pirnenwein; die Aeppele auch; und aus den Nissen presse' mirr ein köstliches Oehl — — Mein! ist es das Ihrige Perd, welches Sie da reite'? Mich dünkt, der vorige Sommer [wieder der Nominativ, anstatt den vorigen Sommer] hatten Sie dasselbige nit.

Ich: Ganz recht; das, was ich damals ritt, hab ich verlohren. — Wie lange, Freund, wird Er in Mainz bleiben?

Er: Ich kdenke, der andere Morgen wieder heme zu reite'.

Jetzt waren wir am Scheidewege; Wir trennten uns ungerne schon hier, und sagten uns daher noch nicht für immer das Lebewohl. Freundschaftlich besorgt, daß ich vielleicht den rechten Weg verfehlen mögte, rief mir der gutmüthige Mann noch einige hundert Schritte sein All'sfort! All'skradaus! nach, welches Wort alles die Pfälzer häufig statt immer gebrauchen.

———————

Eilfter

Eilfter Brief.

Inhalt.

Etwas von Austern. — Der Donnersberg bei Kirchheim — K. Adolphs Sterbebette bei Göllheim — Ueberblick der alten Geschichte deutscher Rheingegenden — Ursprung der Königsstühle — Entstehung der Pfalzgrafen am Rheine — Pallast zu Ingelheim — Wasserleitung bei Zahlbach — Nymphentempel zu Alsei — Römische Bäder im Hunsrück — Heidenmauer bei Kreuznach — Das Jungfernpförtchen — Citadelle eines pfälzischen Dorfs — Luthers Denkmal zu Worms — Römische Alterthümer daselbst. —

Worms, im Julius 1794.

Ich kann Ihnen nicht helfen, liebster Freund! heute schüßle ich Ihnen mit unter wieder Alterthümer auf. Sollten sie Ihnen anekeln, welches ich jedoch nicht glaube, so dürfen Sie ja nur diese unschmackhafte Schüssel stehen lassen, und sich, aus Freundschaft für mich, und aus Nachsicht mit meiner Vorliebe für dergleichen Gerichte, mit dem begnügen,

gen, was sonst die Kelle giebt. Es ist mit den Alterthümern fast, wie mit den lieben Auftern. Auch diese behagen Manchen nicht so gut, wie Ihnen und mir. Laſſen Sie mich daher nur der Zeit wahrnehmen, wo ich ihrer noch habhaft werden kann. Sollten die Franzmänner uns abermals über den Rhein drängen, wie sie es dehn stark willens sind, so hört mein Auſternſchmauß in den Ruinen der Vorzeit ohnehin großentheils auf.

Ich hebe an mit dem, in der naſſauweilburgiſchen Herrſchaft Kirchheim gelegenen Donnersberge in der Pfalz. Er liegt einsam, wie abgeriſſen von den Gebirgen des Hunsrückens, und erhebt sein Haupt in einer großen fruchtbaren Ebene sehr hoch. Man mögte ihn den Allsichtbaren nennen, denn faſt allenthalben sah ich ihn auf meinen Kreuz- und Querzügen in der dieſſeits des Rheins gelegenen Pfalz. Schon Tacitus erwähnt ſeiner unter dem Namen: Mons Jovis. Vielleicht ſchreibt ſich von dieſem Donnergotte sein jetziger Name Donnersberg her. Sein Umfang beträgt nicht weniger als sechs Stunden. Um den Gipfel des Berges, der eine beträchtlich lange Ebene bildet, geht ein uralter großentheils ſchon verfallener Wall und Graben. An den beiden Enden der Ebene ſtanden die jetzt verfallenen veſten Schlöſſer Löwenstein und Wildenstein. Auch ward in den

Mönchs-

Mönchsjahrhunderten, eben da ein Kloster gegründet, wo jetzt der fürstliche von Wiedertäufern bewohnte Hof liegt. Auf dem erhabensten hintern Theile der Fläche sind noch jetzt die Ueberbleibsel eines sogenannten Königsstuhls. Er besteht aus einem natürlichen Felsen, den die Kunst bearbeitet hat. Auf seinem geebneten Gipfel können etwa acht Personen bequem sitzen. Von seiner vormaligen Bestimmung im Verfolg dieses Briefes ein mehreres.

Die Ansicht der umliegenden Gegend, von diesem Berge herab, ist unvergleichlich reizend. Auf der Nord- und Ostseite übersieht man das mannigfaltige Gemisch der verschiedenen Fernen des waldreichen Hunsrücks, gegen Mittag und Abend aber die fruchtreichen Gefilde der paradisischen Pfalz, mit einer Menge blühender Städtchen und Dörfer. Der umliegenden Landschaft dient dieser Berg, vermittelst des Nebels, in welchen sein Haupt sich hüllet, wann es bald regnen will, als Wetterprophet. Er scheint ihr in dieser Hinsicht ungefähr eben das zu sein, was der brauende Blocksberg dem Fürstenthume Halberstadt ist.

Neben der Heerstraße, die von hier nach Kayserslautern führt, nicht weit von dem nassauweilburgischen Flekken Göllheim, steht auf freiem Felde ein altes Gemäure mit Mönchsschrift, in

eben

eben der Gegend, wo vor beinahe fünfhundert Jahren,
nämlich im Monat Jul. 1298 König Adolph fiel,
Albert der Erste, ein Sohn Kayser Rudolphs
von Oeſtreich, der dieſem als Kayſer folgte, und deshalb von Adolph befehdet wurde, tödtete ihn hier im
Zweikampfe. Den Kampfplatz beſchattet da eine alte
ehrwürdige Eiche, wo das dem Andenken an dieſe Begebenheit errichtete Denkmal aufgeführt iſt. Es beſteht
aus einer kurzen, dicken, mit einem Kruzifix verzierten
Mauer, in deren Niſche ein Stein mit folgenden Ver-
ſen beveſtigt iſt:

ANNO. MILLENO. TRECENTIS. BIS MINVS ANNO.
IN . IVLIO . MENSE . REX . ADOLPHVS . ENSE.

Ich nahm auf meinen Streifereien durch die
diesſeitige Pfalz, deren Alterthümer ich kennen zu
lernen ſuchte, meinen Weg unter andern auch über
Ingelheim und Zahlbach, um dort die Reſte
des ehemaligen königlichen Pallaſts, und hier
die ſchönen Ruinen der römiſchen Waſſerlei-
tung zu ſehen; und ging dann durch mehrere kleine
Umwege hierher nach Worms, um mir die Raritä-
ten dieſer berühmten freien Reichsſtadt zeigen zu
laſſen. Bevor ich Ihnen aber wiedererzähle, was ich
auf dieſer kleinen Alterthumsreiſe geſehen habe, muß
ich Sie bitten, ſich gütigſt an die aus der Geſchichte

bekönnten Hauptereigniſſe und Schickſale dieſer Gegenden zurück zu erinnern.

Der Rhein war, wie Sie wiſſen, ſchon vor Chriſtus die Gränzſcheide zwiſchen Germanien und Gallien. Letzteres war gegen den Rhein zu, von den Belgen, Deutſchland aber in der Gegend der jetzigen Pfalz von den Markomannen oder Markmännern bewohnt. Ganz Gallien war durch Julius Cäſar unter römiſche Oberherrſchaft gebracht. Zur Zeit des bürgerlichen Krieges zwiſchen dieſem Helden und dem Pompejus benützten drei deutſche Völkerſchaften — die Triboker, Nemeter und Vangionen — die Gelegenheit, über den Rhein zu ſetzen, und die unter den Römern ſchon ſo gedemüthigten Gallier über das vogeſiſche Gebirge nach der Saar hin zu treiben, und dem deutſchen Reiche auf dieſer Seite zuerſt eine Vergrößerung zu geben, welche die franzöſiſche Republik jetzt zurück fordern zu wollen ſcheint. Die Triboker nahmen bis an die Sur den Elſaß in Beſitz, die Nemeter den daran gränzenden Speiergau, oder die Gegend von Speier, die Vangionen aber den Wormsgau. Von dieſer Ländereintheilung in Gaue haben noch jetzt der Rheingau, der Briesgau und einige andere die Namen beibehalten.

So besaßen zwar diese deutsche Völkerschaften auf beiden Seiten des Rheins die ganze Landschaft von oberhalb Straßburg bis unter Mainz; allein sie mußten sich bald dem Joche der allenthalben siegenden Römer und deren Anordnungen unterwerfen. Ja, diese Weltbezwinger breiteten auch selbst am rechten Ufer des Rheins ihre Herrschaft bis über den Nekkar aus; wie denn viele, in neuern Zeiten daselbst vorgefundene römische Denkmähler dies zur Genüge bezeugen — und drangen mit ihren Kriegsheeren, wenigstens auf kurze Zeit, selbst bis an die Weser vor.

Die Deutschen konnten indessen den Verlust ihrer natürlichen Freiheit nicht verschmerzen, und steckten dem Siegesglücke der stolzen Fremdlinge, die ganz Europa unterjochen wollten, ein Ziel. Die verschiedenen Völkerschaften zwischen dem Rhein und der Donau, aus denen nachmals die Allemannen und Schwaben, die Franken und Sachsen entstanden, vereinigten sich unter einem gemeinschaftlichen Namen, und benützten im zweiten und dritten Jahrhundert mit abwechselndem Glücke jede Gelegenheit, der römischen Herrschaft über deutsche Völker ein Ende zu machen. An der rechten Seite des obern Rheins waren es die Allemannen, welche mit dem Jahre 296. daselbst den Meister zu spielen anfingen. Die von den Römern angelegten Städte, Vestungen und Dörfer wurden geschleift, und an deren Stelle andere mit deutschen Namen erbauet. Die wenige lateinische Namen, welche beibehalten wurden, sind nur als Ausnahmen zu betrachten. Z. B. unser jetziges Altrip am Rhein, von den Römern Alta ripa genannt; — unser Kanstadt bey Stuttgard, ein Name, der von dem daselbst befindlich gewesenen stehenden Lager des Cajus Antonius entstanden ist, wie aus einem dort ausgegrabenen Steine mit der Inschrift

| C . ANT . STAT . |

das ist: Caji Antonii Stativa oder Statio, deutlich erhellet — — Ein ähnlicher bei Eltwill im Rheingau ausgegrabener römischer Denkstein, mit der Inschrift: Alta villa, gab wahrscheinlich diesem Dorfe seinen Namen — Ferner ist die Stadt Bacharach am Rhein, vielleicht von dem dortigen Bachusaltare — Bachi ara — so genannt; — Der Name des ohnweit Mainz gelegenen Städtchens Wärstadt, auf dessen erhabener, mit Quellwasser versehener Ebene, nach mehrern Anzeigen ebenfalls das Standquartier eines römischen Kriegsheeres war, ist vielleicht aus Vari statio entstanden. Ueberhaupt dürfte das deutsche Wort Stadt dem lateinischen Statio

das

das Dasein verdanken. Wenigstens ist dies bei dem Namen Kanstadt wohl kaum noch zu bezweifeln, und überhaupt um so wahrscheinlicher, je weniger man bezweifeln darf, daß wir Deutsche das Städtebauen von den Römern erlernt haben, die in den Wildnissen des deutschen Bodens zuerst längst den Flüssen ihre Stationes, d. h. veste Läger, anlegten, aus welchen nachher Städte und eigentliche Vestungen entstanden.

Doch ich fahre fort in der unterbrochenen Uebersicht der Geschichte dieser Rheingegend. Ungeachtet jene deutsche Völkerschaften den Römern sehr furchtbar zu werden anfingen, so erhielten sich doch die Gränzen des römischen Reichs noch immer an dem Rheine, bis auf den Tod Kaysers Theodosius des Großen, zu Ende des vierten Jahrhunderts. Nun aber begannen mit dem Anfange des fünften Jahrhunderts die großen Völkerwanderungen, in welchen die Allemannen den ganzen obern Rheinstrom in Besitz nahmen, und ihre Nachbaren, die Franken, sich des untern bemächtigten. Verschiedene andre altdeutsche Völker verließen gleichfalls ihr Vaterland, und halfen den gänzlichen Verfall des abendländischen Kayserthums befördern.

Unter allen deutschen Völkern zeichneten sich die Franken durch Tapferkeit und Glück am meisten aus, besonders diejenigen, welche von der fränkischen Sale die Salier genannt wurden, und ihre eigene Gesetze und Könige hatten. Einer dieser Könige war der große Klodowig, der in der mörderischen Schlacht bei Zülpich im Jahre 496 die Allemannen gänzlich überwand, und sich darauf unter andern auch des ganzen obern Rheinstroms bemächtigte. Der westliche Theil der Eroberungen dieser salischen Franken, oder das jetzige Frankreich, wurde Neustrasien, der östliche hingegen Austrasien, auch das rheinische Franken, genannt. Letzteres enthielt den Landesstrich zwischen dem Odenwald- und dem vogesischen Gebirge, und von den Gränzen des Elsasses und den badenschen Flüssen Os und Murg bis an den Hunsrükken und an die Lahn. In diesem großen Bezirke waren damals nur vier Städte, nämlich Mainz, Worms, Speier und Ladenburg.

Schon damals hatten die rheinischen Franken, so wie die angränzenden Schwaben und Elsasser, außer dem königlichen Oberhaupte, auch ihren eigenen Herzog, unter welchem dann wieder die Gaugrafen die Aufsicht und Justizpflege über die verschiedenen Gaue oder Grafschaften hatten. Die herzogliche Würde war aber damals weder erblich noch

be-

beständig; sondern der König selbst war der eigentliche und oberste Herzog der Franken.

Eben diese Könige errichteten hier und da in der Mitte des Volks, dessen Oberhaupt sie waren, die sogenannten **Königsstühle**, von welchen herab sie, als höchste Instanz, von Zeit zu Zeit dem Volke Recht sprachen, wenn es glaubte, mit dem Gerichtsspruche seines jedesmaligen **Gaugrafen** nicht zufrieden sein zu können. Einer dieser **Königsstühle** war, wie ich schon bemerkt habe, auf dem Gipfel des **Donnersberges**. Einen andern viele Jahrhunderte hindurch wohl erhaltenen Richterstuhl dieser Art sah ich der Lahnmündung gegen über, am linken **Rheinufer**, ohnweit **Koblenz**.

Nach den merovingischen Königen der Franken kamen in der Mitte des achten Jahrhunderts die karolingischen Könige auf den Thron. Diese schafften die herzogliche Gewalt, die ihnen gefährlich zu werden anfing, fast allenthalben ab, und ließen die Provinzen durch königliche Gewalthaber — camerae nuncios — regieren.

Der Sohn Pipins, des ersten karolingischen Königs, Karl der Große, erweiterte sein Reich in Deutschland durch Bezwingung der Sachsen, Slaven und Wenden. Von nun an wurde Deutschland in zwei Hauptvölker, in die Franken

ken und Sachsen, getheilet, weil jede derselben ihre eigene Gesetze und Rechte behauptete. Daher die alten Leges Salicae der Franken, das heißt die an der fränkischen Saale rechtskräftig gewordenen Gesetze. Doch wurden beide Hauptvölker auch mit dem gemeinschaftlichen Namen der Ostfranken bezeichnet, zum Unterschiede von den Westfranken, oder den jetzigen republikanischen Frankreichern.

In der Mitte des neunten Jahrhunderts wurde, wie bekannt, das fränkische Reich unter die Enkel Karls des Großen in drei Reiche vertheilt. Ludwig der Deutsche erhielt das ganze alte Germanien, und außerdem noch auf der linken Seite des Rheins den Nah=, Worms= und Speiergau, so daß also seitdem der größte Theil der heutigen Pfalz beständig zum deutschen Reiche gehört hat.

Wahrscheinlich ist der Ursprung der hohen Gränzsteine, deren ich in meinem Briefe aus Zweibrück erwähnte, in den Zeiten dieser großen Theilung des fränkischen Reichs zu suchen.

Als im Jahr 911. das karolingische Haus in Deutschland ausstarb, wählten die Edeln dieses Landes einen König oder Kayser aus ihrer Mitte. Unter diesen sächsischen Kaysern erwähnt die Geschichte zuerst gegen das Ende des zehnten Jahrhunderts der Pfalzgrafen am Rheine. Etwas

später

später kommen sie unter dem Namen der Pfalzgrafen von Ripuarien, d. h. von dem Untern Rheine vor. Sie scheinen ihre Gewalt und Gerechtsame nach und nach immer weiter ausgedehnt zu haben. Die Pfalzgrafschaft am Rhein, über welche sie ursprünglich bloß die bestellten königlichen Oberrichter waren, heißt zuweilen auch die Untere Pfalz, zum Unterschiede von der im baierischen Kreise gelegenen Oberpfalz.

Der Name Pfalz — oder, wie man hier richtiger spricht, Palz, kommt von den königlichen Palldsten — pallatiis — her, woraus unter den sächsischen Kaysern des zehnten Jahrhunderts die Landpfalzen im deutschen Reiche entstanden sind. Diese Palläste nannte man gewöhnlich Pfalzen; Pfalzgrafen aber diejenigen königlichen Gewaltträger, welche in den zum Pallast gehörigen Landesbezirken das Oberrichteramt verwalten mußten.

Den merkwürdigsten und prächtigsten Pallast ließ Kayser Karl der Große in den Jahren 768 bis 774 zu Nieder-Ingelheim, einem pfälzischen Städtchen zwischen Mainz und Bingen, von gehauenen Steinen aufführen. Er hatte eine bezaubernd reizende Lage, nicht weit vom Rheine, dem Rheingau gegenüber; daher wählten ihn mehrere Kayser zu ihrem Lieblingssitze. Ein Geschichtschreiber unter Kayser Ludewig dem Frommen, der diesen

Pallast selbst gesehen hat, kann die Pracht und Herrlichkeit desselben nicht genug rühmen. Dies in der That königliche Gebäude erhielt sich mehrere Jahrhunderte hindurch in seiner Festigkeit und Würde, und soll unter andern mit hundert vortrefflichen Säulen, die Karl aus Rom und Ravenna hierher bringen ließ, ausgeziert gewesen sein. Sechse davon, die sich bis ins sechszehnte Jahrhundert an den Ruinen dieses Pallasts erhielten, ließ Kurfürst Philipp, als ein Denkmal der alten Gießkunst, nach Heidelberg bringen.

Dieser Pallast zu Ingelheim ist auch wegen mehrerer da gehaltenen Kirchen- und Reichsversammlungen aus der Geschichte bekannt. Selbst Karl der Große hielt schon im Jahre 774 einen dahin ausgeschriebenen feierlichen Reichstag. In der Kirchenversammlung des Jahres 807 ermahnte er daselbst die zanksüchtigen Bischöfe und Grafen gerecht zu sein, und friedlich und einträchtig zu leben.

Bei Gelegenheit einer Reichsversammlung im Jahre 826 unter Kayser Ludwig den Frommen, kam auch König Harold von Dännemark mit Frau und Kindern den Rhein herauf, um den Kayser in ingelheimischer Pracht und Herrlichkeit zu besuchen. Für dies Freundschaftsstück überredete ihn dieser zur Annahme des christlichen Glaubens; und um seines Bekehrungsgeschäfts gewiß zu sein, ließ er

ihn

ihn in der Kirche zu Ingelheim durch den Bischof von Wirzburg sogleich taufen.

Im J. 1154 wurde dieser Pallast durch K. Friedrich den Ersten wieder erneuert; aber in den Kriegen späterer Jahrhunderte ist ihm einigemal sehr übel mitgespielt worden, und die französischen Verwüstungen richteten im Jahre 1689 diese Zierde des Alterthums vollends zu Grunde.

Nur ein Theil des Mauerwerks, der noch jetzt der Saal genannt wird, ist bis auf uns gekommen. Der große, an der nordöstlichen Seite des Flekkens gelegene Bezirk, wo der Pallast stand, ist noch jetzt mit Wall und Graben umgeben. Auch steht noch am großen Thore des Vorhofs ein Stück von den erwähnten gegossenen Säulen; Ueber denselben ist in eine steinerne Platte folgende Denkschrift eingehauen:

„Vor achthundert Jahren ist dieser Saal des Kaysers Carlen, nach ihme Ludwig des milden Kaysers, Carlen Sohn, im Jahre 1044 aber Kayser Heinrichs, und im Jahre 1360 Kaysers Carlen, Königs in Böhmen, Pallast gewesen. Und hat Kayser Carlen der Große neben anderen gegossenen Seylen diese Seyle aus Italien von Ravenna anhero in diesen Pallast führen lassen, welche man bei Regirung Ferdinand des Zweiten, und König in Hispanien Philipp des Vierten,

E 5   auch

auch derer verordneter hochlöblicher Regierung in der untern Pfalz den sechsten April anno 1628, als der katholische Glauben wieder eingeführet worden ist, aufgerichtet."

Ich komme jetzt auf die zum Theil noch sichtbare römische Wasserleitung bei Zahlbach ohnweit Mainz, welches Dorf durch seine Klubbistenschanze in diesem Kriege so bekannt geworden ist. Der Bau dieser Wasserleitung ist ein würdiges Denkmal römischer Unverdrossenheit in Aufführung so kostspieliger und für die Ewigkeit erbaueter Werke. Man hält dafür, daß es zu eben den Zeiten des römischen Heerführers Nero Klaudius Drusus errichtet sei, dessen Zönothaphium in dem bekannten Eichelsteine zu Mainz sich ebenfals noch bis auf unsre Zeit erhalten hat. Die Römer leiteten vermittelst dieses großen Baues das schöne Quellwasser, welches eine Stunde von Mainz auf den Höhen bei Bretzenheim fließt, vermittelst dieses großen Wasserbaues über Zahlbach nach Mainz. Da aber der Weg dahin durch das tiefe Thal bei diesem Dorfe führet, so sahen sie sich genöthigt, quer durch dasselbe eine lange Reihe massiver Thürme oder sehr dikker und hoher Pfeiler zu erbauen, um dadurch das lange wagerechte Gewölbe zu unterstützen, über welchem sie dem Bache ein Bette bereiteten, so daß dieser hoch in der Luft über das Thal hinfloß. Diese nun

ver=

veraltete Thurmgestalten stehen großentheils noch da, und einige hangen noch mit ihrem Gewölbe oben zusammen. Das Ganze giebt in den Augen des Liebhabers solcher Alterthümer dieser Gegend ein ehrwürdiges Ansehen. Aber diese kaum zu verwüstende Pfeiler scheinen mir zugleich unsern gegenwärtigen Zeitalter fortdauernd den beschämenden Vorwurf zu machen, daß es nicht mehr so, gleichsam für die Ewigkeit, baue.

Ueber das Alter der kurpfälzischen Oberamtsstadt Alzei, am Flüßchen Selz, war lange weiter nichts bekannt, als daß in einer durch K. Arnulph den Zehnten im Jahre 897 ausgefertigten Urkunde ihrer, unter dem Namen Alceja, erwähnt wird. Man wußte daher nicht, ob sie römischen oder deutschen Ursprungs sei, bis man im Jahre 1783, an der Mittagsseite dieser Stadt, ein sehr merkwürdiges Denkmal aus dem zweiten Jahrhundert in der Erde entdeckte. Man grub daselbst unter andern einen Stein mit folgender sehr leserlichen Inschrift aus:

```
NYMPHIS . VICANI . ALTIAIENSES .
        ARAM . POSVER .
```

woraus deutlich erhellet, daß schon früh Römer an diesem Orte hauseten, und den Nymphen hier opferten. Meines Wissens ist dieser Stein unter der großen Anzahl

Anzahl der in Deutschland gefundenen römischen Opferaltäre — mit Ausnahme eines bei Mainz gefundenen — der einzige, welcher den Nymphen geheiliget war.

Das kurpfälzische Städtchen Stromberg auf dem Hunsrükken dankt seinen Ursprung ebenfals den Römern, die hier die uralte Burg oder Veste Stromberg erbaueten. Nahe dabei zu Winsbesheim am Guldenbach entdeckte man im Jahre 1617 unterirdische römische Bäder, und fand daselbst mehrere Münzen von den Kaysern Philipp und Gallienus. Dies merkwürdige Gebäude ist nebst den Münzen in Kupfer gestochen, und durch Zeiler beschrieben worden. *)

In Kreuznach machte man mich auf ein vor der Stadt am rechten Ufer der Nahe gelegene uralte Grundmauer aufmerksam. Sie umgiebt ein Viereck, welches ungefähr sechs hundert Schritte lang und fast eben so breit ist. Ein kleiner Theil der Mauer selbst, welche dies Quadrat ehemals umgab, steht noch jetzt, und ist acht Fuß dikke und gegen zwanzig Fuß hoch. An den vier Ekken scheinen, nach der Grundmauer zu urtheilen, runde Thürme gestanden zu haben. Dies und die römischen Münzen, welche

man

*) Siehe dessen Topogr. Palat.

man bei Untersuchung eines in diesem Viereck einge=
schlossenen unterirdischen Gewölbes und an mehreren be=
nachbarten Orten gefunden, machen es wahrscheinlich,
daß die Römer hier ein Kastel, oder einen beveftig=
ten Lagerplatz hatten. Auch die Mauer selbst, welche
jetzt die Heidenmauer genannt wird, trägt alle
Spuren römischer Bauart an sich. Sie liegt in
der nämlichen großen fruchtbaren Pläne, auf welcher
das alte Dorf Planich — planities — steht, und
soll, ehe die Nahe ihren Lauf veränderte, ganz mit
deren Wasser umgeben gewesen sein. Vielleicht wurde
das alte römische Kastell späterhin in ein sogenanntes
Palatium umgewandelt. Wenigstens ist gewiß, daß
in den karolingischen Zeiten zu Kreuznach ein
königlicher Pallast war, in welchem Kayser Lud=
wig der Fromme zuweilen wohnete, wenn er sich der
Jagd wegen hier aufhielt.

Auf der Landstraße von Kreuznach nach Mainz,
bei dem Dorfe Elsheim, steht ein alter vierekti=
ger Thurm, an welchem der einfache Reichsadler
und eine nicht mehr lesbare alte Schrift eingehauen
ist. Ich weiß nicht, was ich daraus machen soll.
Das alberne Mönchsgeschwätze, daß die h. Ursula
mit ihren eilftausend Gefährtinnen einmal ihren Weg
durch das Gewölbe dieses Thurms nahm, interessirte
mich nur, so fern ich nun weiß, warum die umlie=
gende

gende Gegend diesen Thurm noch jetzt die eilftausend Jungfraunporte nennet. *)

Mitten

*) Die diesen eilftausend Jungfern geheiligte Kirche in der kurfürstlichen Residenz Köln am Rhein war anfangs der h. Ursel und Cimille gewidmet. Die Mönchsdummheit las aber — wie selbst der gelehrte Katholik Hadrian Valesius eingestehet — folgende Worte eines Martyrerverzeichnisses

SSA. VRSVLA. VNDE. CIMILLA.

fehlerhaft, und brachte heraus Sancta Ursula et undecimilla. Dem zu Folge sollte ihre Ursel in Gesellschaft von nicht weniger als eilftausend Jungfern gemartert worden sein. Man erfand deßhalb ein Mährchen von diesem seltenen Jungfernheere, welches zu albern und zu lang ist, um es hierher setzen zu können. Um ihm indessen den Anstrich von Glaubwürdigkeit zu geben, plünderte man einige Beinhäuser, schmückte mit dem Raube die zur Urselkirche gehörige große Kapelle aus, und versicherte mit der Miene der Heiligkeit, dies wären die Knochen der eilftausend Jungfern.

Misson, ein reisender Engländer, verglich diese Kapelle, da er die zahllose, in bester Ordnung aufgehangene Knochen erblickte, mit dem Saal der Leibgarde zu Whitehall in London, wo die Säbel und Pistolen eben so aufgehängt sind.

Den Hirnschädeln ist vorzugsweise mancherlei Ehre wiederfahren. Einige liegen in silbernen Kästchen, oder sind zierlich vergoldet; andern hat man prächtige Hauben aufgesetzt; noch andre tragen Sammethüte, die mit Perlen und Juwelen besetzt sind.

Der

Mitten in dem pfälzischen Dorfe Sauerschwabenheim steht ein altes vierekkiges massives Machwerk mit einem Thurm. Es scheint aus dem Mittelalter zu seyn. Die hohe und dikke Ringmauer des ziemlich großen Vierecks ist oben mit Schießscharten, und innerhalb mit einem Gange versehen, als wäre hier die Zitadell des Dorfes gewesen. Eine alte mündliche Ueberlieferung, das einzige, was über dieses Alterthum einige Auskunft giebt, sagt, daß in den verschiedenen Kriegen, welche von jeher die gesegnete Pfalz verwüsteten, die Einwohner des Dorfes sich mit ihrer Habe dahinein geflüchtet hätten.

Ueber-

Der Fußboden der Ursels kirche, (die von früh Morgens bis zum späten Abend von alten Mütterchen nicht leer wird) ist ganz bedeckt von den Grabstädten der Jungfern, und so heilig, daß er keine andre Leichen, als die von wirklichen Jungfern in sich dulden soll. Vielleicht um dies zu beurkunden, zeigt man hier auf eine beleidigende Art den Sarg einer brabantischen Prinzessinn, deren Leichnam man einen Tag nach der Beerdigung mit seinem Sarge wieder ausgeworfen, und drei Fuß hoch über dem Fußboden schwebend, gefunden haben will.

Zum Gedächtniß dieses zu Gunsten der Keuschheit erfundenen Wunders, bevestigte man hierauf den Sarg an einem Pfeiler dieser Lügenkapelle. Auch zeigt man in der Kirche den Brunnen, worin man das vergossene Blut der eilftausend Jungfern hineingeleitet und gesammlet hat. Doch was ermüde ich Sie und mich mit diesem katholischen Unflath!

Ueberhaupt bemerke ich, daß die ältesten Dörfer der Pfalz allemal mit Wall und Graben, und oft noch oberdrein mit einer Ringmauer umgeben sind. Dies schützte die fast immerfort beunruhigten Einwohner zu den Zeiten des Faustrechts, wenigstens einigermaßen vor den Ueberfällen des Raubgesindels, und vor den Plünderungen der Streifpartheien, an deren Spitze die Inhaber der Raubschlösser standen.

Zum Schluße noch ein Paar Worte von den Merkwürdigkeiten zu Worms. Als Protestant, der das theuerste Geschenk des Himmels — die Vernunft durch Luther gehörig würdigen gelernt hat, eilte ich vor allen Dingen in die hiesige lutherische Hauptkirche, deren sämmtliche Gemälde mir sehr lebhaft alle die wichtigen Auftritte ins Gedächtniß zurück riefen, welche der unsterbliche Pfleger der Vernunft — der große Luther — hier in Worms erlebt hat. Ich wuste ihm für das Verdienst, welches er sich um die Christenheit erworben hat, meine Erkenntlichkeit nicht besser an den Tag zu legen, als wenn ich, troß meiner Vorliebe für gewisse andre Merkwürdigkeiten, dennoch zuerst zu diesen hier aufgestellten Denkmälern seiner großen Thaten hineilte, und dann erst meine Lüsternheit nach den hiesigen römischen Alterthumsstükken satt machte.

Die mehresten Sehenswürdigkeiten dieser Art werden auf dem hiesigen Bürgerhofe aufbewahret. Hier folgen die vorzüglichsten:

Ein

Ein Stein mit dem halberhabenen Bilde der Göttin Fortitudo. Sie stützt sich auf eine Säule, zu ihren Füßen ruht ein Löwe. Von der beschädigten Unterschrift ist nur noch - - - - TITVDO. lesbar.

Ein Stein mit einem Ritter im römischen Kostüm. Das Schwerd trägt er an der rechten Seite. Laut der Unterschrift ist dies Denkmal dem Ritter von dessen Erben zum Andenken errichtet worden.

Ein Stein ohne Unterschrift mit einem ungestaltenen Götzenbilde weiblichen Geschlechts. Es sitzt auf einer Opferschale, und ist überhaupt nur drei Fuß hoch. Nach der daran bewiesenen sehr unvollkommenen Bildhauerkunst zu urtheilen, dürfte dieser Götze eher deutschen als römischen Ursprungs sein, zumal da sich die Römer so gerne durch Unterschriften verewigten.

Mehrere hier gesammelte Steine haben weitläuftige hebräische Inschriften.

Auch stehen hier die beiden aus einem Sandsteine gehauenen römischen Särge, welche man dichte vor Worms tief aus der Erde gegraben hat. Jedes derselben ist acht Fuß lang, drei Fuß breit, und mit dem gewölbten massiven Deckel, der genau auf den untern Theil des Sarges paßt, etwas über drei Fuß hoch. Die lateinische Inschriften, welche an beiden Särgen rund umher stehen, sind zu weitläuftig, um sie hierher zu setzen. Nach Aussage der Inschrift des einen noch ganz unverletzten Sarges hat der Römer Servatius daselbe seinem verstorbenen und einbalsamirten „sehr geliebten Weibe," Namens Spectatia Peregrina, zur Ruhestädte angewiesen.

Ferner zeigte man mir zu Worms einen dem Herkules geheiligten römischen Opferstein. Er ist in die Gartenwand des Kaufmanns Lenze eingemauert, und scheint mir durch die ihm hier zugeeigneten, ungewöhnlichen Sinnbilder merkwürdig. Der Gott stützt sich nicht bloß, wie gewöhnlich, mit der Löwenhaut auf seine Keule, sondern hat außerdem auch noch Pfeil und Bogen in der Hand, und einen Köcher über der Schulter.

In der massiven Dessirung des Stadtwalles zu Worms, nahe bei dem Thore, das nach Mainz führt, bemerkte ich einen daselbst eingemauerten schön verzierten römischen Grabstein, dessen Inschrift anzeigt, daß er dem Markus Sempronius errichtet worden ist.

In diesem Thore selbst sind seitwärts zwei neben einander befindliche hohe Steinplatten eingemauert, auf welchen zwei halberhaben gearbeitete römische Ritter zu Pferde stehen. Auch diese haben beide das Schwerd, womit sie umgürtet sind, auf der rechten Seite. Der eine trägt eine Fahne und ist unterschrieben:

ARGIO-

```
ARGIOTANVS - -
S . MERTVLITANI .
F . NAMNIS . EQV .
AIAM . DIANA .
STIP . X . ANNO .
XXX . H . S . E .
EREDES . POSVER .
```

Unter dem andern Ritter, der über einen zu den Füßen seines Rosses liegenden Krieger hinzureiten im Begriff ist, stehet folgende Unterschrift:

```
LICIN . . CROSS . . .
F . HELVETIVS . A . VV .
XLVII . . EQVES . ALA .
HISP . STIP . XXVI . H . S .
I ——— I
LIBIVL . CAPITO . H .
```

Ferner findet sich hier folgender Opferstein:

```
I . O . M .
ET . IVNONI . REGINÆ .
VICTRINA . PRIMITIVA .
POS .
```

Endlich

Endlich ist auf dem hiesigen Bürgerhof auch noch ein großer Stein, auf welchen in halberhabener Bildhauerarbeit neben einander zwei Altäre mit zwei knieenden Mannsgestalten vorgestellt sind. Auf beiden Altären wird geopfert, aber nur das Feuer des einen lodert in die Höhe. Es scheint mir wegen dieser Idee kein altrömisches Werk, sondern aus den spätern christlichen Jahrhunderten zu sein, und auf die jüdische Opfergeschichte des Kain und Abel anzuspielen.

Noch muß ich eines sehr seltenen metallenen Götzenbildes erwähnen, welches die Franzosen im vorigen Jahre hier bei Worms vor dem Thore, das nach Speier hinweiset, beim Aufwerfen einer Schanze in der Erde fanden. Ich sah dasselbe bei dem hiesigen Amtsschreiber Hallungius, der es gekauft hat. Es ist fünf Zoll lang und aus einem Metalle gegossen, welches Goldtheile bei sich führt. Das Bild ist weiblichen Geschlechts und sehr regelmäßig geformt. Mit einem Fruchtblatte in der linken Hand bedeckt die Göttinn sittsam einen Theil des Unterleibes; in der Rechten hält sie vor der Brust einen Apfel: Sie kann daher wohl keine andre, als die Pomona sein.

Zwölfter

Zwölfter Brief.

Inhalt.

Das belagerte Mainz verglichen mit Valenciennes — Verwüstungen um Mainz — Domkirche daselbst — Sühnopfer vom Feinde den Preußen gebracht — Pseudopatriotenwesen der Mainzer — Sorglosigkeit und Verrätherei — Sollen Bürger Meuchelmörder werden? — Tyrannei im Reiche der Freiheit — Vom Zausen in deutschen Haaren — Geistesfultur in Mainz — Ehrensäule, die errichtet werden sollte — Lateinische Unvernunft und deutsche Vernunft — Unapostolische Belehrungsart der Niedesheimer — Mainz als Bestung — Sacredieu eines Entragé —

Kant. Quart. Mainz, im Julius
1794.

Da ich im November 1793 Mainz, diese wichtige Grenzvestung des deutschen Reichs, zum erstenmal sah, brachte ich jene Ideen mit hierher, welche sich, während meines Aufenthalts bei Valenciennes, durch übertriebene Zeitungsnachrichten von den ungeheuern Verwüstungen, und dem großen durch das

Vom-

Bombardement verursachten Elende zu Mainz, in meinem Kopfe erzeugt hatten. Aber diese Ideen waren ganz irrig, und ich konnte den Maaßstab meiner Beurtheilung dieses Elends, der von dem weit scheußlichern Greuel der Verwüstung zu Valenciennes hergenommen war, hier durchaus nicht gebrauchen. Ich glaubte, beim Durchwandern der Straßen zu Mainz, Zerstöhrung aller Art gewahr zu werden: aber meine Blikke suchten zu meiner großen Freude vergebens darnach, und fanden sich höchst angenehm getäuscht. Hätte ich die einzige sehr verwüstete Gegend des hiesigen Doms nicht gesehen, so würde ich, wenn mir die neueste Geschichte dieser Stadt unbekannt gewesen wäre, mich nimmermehr haben überreden lassen, daß Mainz in einiger Hinsicht gleiches Schicksal mit Valenciennes gehabt, und auch ein Bombardement ausgestanden hätte. Beide Städte können kaum mit einander verglichen werden. In der ganzen großen kurfürstlichen Residenzstadt sind nur vier und dreißig Bürgerhäuser ein Opfer der Kriegsflamme geworden. In dem zur Hälfte vernichteten Valenciennes sah ich fast eben so viel Straßen in Schutthaufen verwandelt. Daselbst waren durch Koburgs Feuerschlünde, während des Bombardements, gegen fünfhundert französische Einwohner verwundet und getödtet, hier in Mainz, von dessen acht und zwanzig tausend deutschen Einwohnern nur funfzehn.

Aber

Aber viel sichtbarer, als hier, sind die Spuren des verheerenden Krieges in den um Mainz gelegenen Dörfern und Landschaften. Auch das kurfürstliche Lustschloß bei Mainz — die weltberühmte Favorite, von deren Reizen noch jetzt jede Mainzerinn mit Entzükken spricht, ist jetzt ein geebneter Schutthaufe. Die Franzosen ließen da auch nicht einen Baum übrig, nicht zwei Steine auf einander, damit ihre Kanonen desto besser darüber hinstreichen mögten. Dies Schloß stand auf einer sanften Höhe des linken Rheinufers, gerade der Mündung des Mains gegenüber, und man kann sich die Ansicht beider lebhaften Ströme aufwärts, und der lachenden Uferlandschaften reizender und unterhaltender kaum denken.

Vernichtet sind mit den Lustpartien der Favorite zugleich auch die schattigten, um die Stadt gezogenen Baumreihen — verschwunden die vielen Lustgebäude der umliegenden Gärten — verwüstet das reizende Gartenfeld selbst, und zwar so verwüstet, daß auch selbst die Spur der ehemaligen Anlagen nicht mehr übrig ist. Man denke, wie groß die Menge der schönsten und feinsten Obstbäume um Mainz gewesen sein muß, da die Franzosen von einem Theil derselben weitläuftige Verhakke machten, und die übrigen mit Zweigen, Stämmen und Wurzeln ausgruben, und sie anstatt der Pallisaden vor ihren Verschanzungen benützten, indem

dem sie dieselben in schiefer Richtung und in dichten Reihen, mit dem Wurzelende wieder in die Erde gruben, und die gestutzten dicht in einander verschlungenen Zweige gegen den Feind richteten. Sachverständige halten es für unmöglich, zweckmäßigere und undurchdringlichere Pallisaden dem Feinde entgegen zu stellen.

Kassel — ein am rechten Rheinufer neben Mainz gelegenes Städtchen — ist unter andern auch auf die eben beschriebene Art in eine Vestung umgeschaffen, und die neu aufgeworfene Werke bedekken die den Einwohnern angehörigen Felder. — Ferner ist ganz Kostheim, den dortigen dahlbergischen Pallgst nicht ausgenommen, jetzt ein schaudererregender Steinhaufe. Auch hier sind viele tausend Fruchtbäume, die sonst der Reichthum, und fast die einzige Nahrungsquelle der Kasseler und Kostheimer waren, gänzlich vertilget. — Von dem schönen Dorfe Weissenau sind eine Menge Häuser eingeäschert; und von Heiligenkreuz stehen nur noch die Bruchstükke der Mauern. — Die Dörfer Bretzenheim, Zahlbach und Dahlheim sind hart mitgenommen; und von Hochheim, Hechtsheim, Laubenheim, Marienborn und andern Ortschaften sind viele tausend Morgen Weinberge in wüste Plätze verwandelt. Kurz, rund um Mainz wird eine Menge ruinirter Einwohner diesen Krieg noch lange betrauern müssen.

Die

Die nun bald sechshundert Jahre alte Domkirche mit ihrem zierlichen Thurme ist zwar von den preußischen Bomben auch heimgesucht, allein die ihr beigebrachten Wunden werden bereits wieder geheilet. Ihr hohes Alter, ihr wichtiger Kirchenschatz, ihre marmornen Grabmähler, die Kühnheit ihrer erhabenen Wölbungen, kurz, ihre ganze Vortrefflichkeit wird noch lange die Aufmerksamkeit und Bewunderung der Reisenden auf sich ziehen. Sie verdient dieselbe selbst noch in dem Zustande, in welchem man sie jetzt erblickt. Allein dessen ungeachtet muß ich gestehen, daß dieser Dom die großen Erwartungen, welche ich nach den Briefen des reisenden Franzosen von seiner ausgezeichneten Würde hatte, nicht ganz befriediget hat. Dies rührt indessen vielleicht mit daher, weil ich durch die beispiellose Pracht und majestätische Bauart mehrerer Kirchen in den kayserlichen Niederlanden, und besonders in dem französischen Flandern, von wo ich hierher kam, verwöhnt worden sein mogte.

Es ist merkwürdig, daß während der Belagerung die prächtigen Wohnungen der hiesigen Dom= und Stiftsherrn — unstreitig der reichsten in Deutschland — vor allen andern Gebäuden ein Raub der Flamme wurden. Glaubhafte Mainzer versichern, die Franzosen selbst hätten einige derselben des Nachts angesteckt, und den Brand dann auf die Rechnung der preußischen Bomben geschrieben, um

durch

durch diese Flammen den Belagerern gleichsam ein Sühnopfer zu bringen, und so den Häusern der unschuldigen Bürger größere Schonung zu bewirken. Eine ähnliche Bewandniß soll es mit einigen von den sechs Kirchen haben, welche ganz niedergebrannt liegen. Dies Vorgeben erhält dadurch noch einen Grad von Wahrscheinlichkeit mehr, daß die Franzosen sich einigemal auf ein sie verrathendes Weissagen einließen, und sehr wahr vorher verkündigten, wo die preußischen Bomben in der nächstfolgenden Nacht zünden würden. Auch war beim Brennen eines Domherrnpallasts Niemand rascher bei der Hand und eifriger beschäftigt, das Umsichgreifen der Flamme in die benachbarten Bürgerhäuser zu verhindern, als eben diese Franzosen, die auf eine so originelle Art ein verheerendes Feuer wohlthätig machten, und ihm einen Wirkungskreis anwiesen, den es nicht überschreiten durfte.

Uebrigens lehrt die so eben im Druck erschienene Geschichte der Einnahme und Wiedereroberung von Mainz im Jahr 1792 und 1793. (Frankfurth 1794) daß das allgemein verbreitete Gerücht von dem Pseudopatriotenwesen der Mainzer, diesen unsern treuen Landesleuten sehr Unrecht gethan hat. — Ich theile Ihnen zur Unterstützung dieser Behauptung untern andern folgende Stelle aus dem Buche mit:

„Die

„Die Abgeordneten des französischen Nationalkonvents hatten den 24sten Februar 1792 zu dem wichtigen Tage anberaumt, an welchem die sämmtlichen männlichen Einwohner zu Mainz, die das 21ste Jahr erreicht hatten, und deren etwa vierzehntausend sein mogten, bei Verlust ihres Vermögens in den hiesigen Kirchen erscheinen sollten, um die deutsche Reichsverfassung abzuschwören, und der französischen Freiheit und Gleichheit feierlich zu huldigen. Ein für alle rechtliche Bürger furchtbarer Tag! Aber wer an demselben in den hiesigen Kirchen nicht erschien, das waren — die Mainzer. Todesstille herrschte in der ganzen Stadt; alle Bürger hielten sich verschlossen; selbst keine Magd und kein Kind ließ sich sehen, indem man Tags vorher den häuslichen Bedarf schon hatte einholen lassen; oder man entbehrte lieber, um die vest verschlossenen Häuser nicht öffnen zu dürfen. Auf den Straßen sah man nur Franzosen, Klubisten und einige wenige Zaghafte, welche die Furcht vor dem ang:broheten Verlust des ganzen Vermögens in die Kirche trieb. In allen zum Schwure angewiesenen sechs Kirchen fanden sich von jenen vierzehntausend schwurfähigen Mainzern nur zweihundert und sechszig ein, welche, der Vorschrift gemäß, schwuren: „treu zu sein dem Volke und den Grundsätzen der Freiheit und Gleichheit." —

„Heil

„Heil den deutschen Städten, in welchen, verhältnißmäßig, der reudigen Schafe nur so wenige sind! — Anstatt so gegen ihren Landesherrn treulos zu handeln, wanderten diese ächte deutsche Patrioten lieber, mit dem Bettelstabe in der Hand, aus ihrer geliebten Vaterstadt, und hinterließen ihr ganzes Vermögen denen Raubsüchtigen, die darnach lüstern waren."

Unter diesen Umständen muß es dann freilich ungemein schmerzhaft für jeden rechtlichen Mainzer sein, wenn er sich von seinen deutschen Mitbürgern verkannt, und Beschuldigungen und Vorurtheile in der Welt verbreitet sieht, welche ihn in einem gehässigen Lichte zeigen, ihn, der seiner Treue für deutsche Verfassung Haus und Hof, Vermögen und Ruhe aufopferte. Wie oft hört man der mainzischen Bürgerschaft Dinge zur Last legen, deren sich bloß die Handvoll mainzischer Klubisten zu Schulden kommen ließ! Wie unbillig verwechselt man zum Nachtheil der ersten Eins mit dem Andern! Wenn der ohnmächtige Custine, ohne einen Mann aufzuopfern, von einer der stärksten Vestungen Deutschlands endlich Besitz nimmt, nachdem Verrätherei ihn lange genug vergebens dazu ermuntert hatte: so beschuldigt man die Mainzer überhaupt dieses Bubenstücks, ungeachtet es bekannt, und in der angeführten mit mehrern Aktenstükken belegten

legten Schrift erwiesen ist, daß nicht sie, sondern der kurfürstliche Artilleriemajor Eikenmeier und sein Anhang Stadt und Vestung den Franzosen in die Hände spielten. Soll die Bürgerschaft für die Sorglosigkeit ihres geweihten Oberhaupts verantwortlich sein, dessen treulose Diener die Wichtigkeit jener deutschen Grenzvestung richtiger würdigten, mit deren Verlust die Ruhe Deutschlands zugleich mit aufs Spiel gesetzt wurde? — —

Man macht es den Mainzern zum Vorwurf, daß sie den Deutschen die Wiedereroberung der Stadt durch nichts erleichtert, die Zurückgabe nicht beschleunigt hätten. Aber auch dieser Vorwurf ist höchst ungerecht. Denn gesetzt auch, die Mainzer wären nicht gleich Anfangs durch die mißtrauischen Franzosen ihrer Gewehre beraubt worden, ohne welche sie sich doch unmöglich gewaltsam gegen ihre wachsamen Tyrannen auflehnen konnten: vergißt man, daß es nach den Vorschriften einer gesunden Politik und strengen Moralität, die Sache des Bürgers durchaus nicht ist, sich meuchelmörderisch in die Händel der kriegführenden Parteien zu mischen? — Soll der Bürger in eigener Person geheime Waffen ergreifen, um sich selbst und die Seinigen gegen auswärtige Feinde zu schützen: wozu dann Soldaten, deren Beruf das ist, und stehende Heere, die Er erhalten muß? —

Man

Man wirft endlich auch den Mainzern vor, daß sie in einer Menge kleiner Schriften, welche allerdings den Geist der französischen Freiheit und Gleichheit athmen, nur die Schwärmereien angepriesen hätten, zu welchen diese so oft mißverstandenen Wörter nur gar zu leichte hinführen. Aber waren diese Schriften nicht einzig die Ausgeburten der wenigen Klubisten, die mit großinquisitorischer Allgewalt eine völlige Geistestyrannei über ihre Mitbürger ausübten? Verboth nicht die so hoch gepriesene Freiheit der Franzosen in Mainz denen, die anderer Meinung waren, aufs strengste, ihre Schriften drukken zu lassen? *) — Auch sind ja die

*) Woher mag es doch kommen, daß in der Regel von hundert gar nicht unkultivirten Menschen höchstens nur zehne einen vollständigen, deutlichen, richtigen Begriff von manchen Wörtern haben, die sie doch täglich im Munde führen? — Wie wenige wissen z. B. welch ein wohlthätiges Geschenk des Himmels eine vernünftige Aufklärung in der Religion sei; oder wie unschuldig die nicht mißverstandenen Wörter Gleichheit und Freiheit im politischen Sinne sind. Bald nennet man den gewissenlosen, aber schlauen Schurken einen aufgeklärten Mann; bald will man den unwissendsten Schuputzer, um der lieben Gleichheit willen, auch einmal zum expedirenden Sekretär machen, und diesen indessen in das Departement der Schubürsten verwiesen haben; bald verkauft man uns die drükkendste Geistessklaverei für Freiheit. Dies letzte war unter andern auch der Fall zu Mainz, während der Regentschaft der Franzosen daselbst. Indem die Abgeordneten des französischen Nationalkonvents die wenige abtrünnige Bürger, viel ärger vielleicht, als sie es verdienten, durch den Fluch der Tausende bestraft, welche der deutschen Verfassung treu blieben. In der That, die guten Mainzer verdienen, statt ungerechter kränkender Vorwürfe, vielmehr die Liebe und Achtung ihrer deutschen Mitbürger!

Was die Geistesbildung dieses Erzstifts, besonders in Beziehung auf Religion betrift, so muß man den Mainzern, wenigstens alsdann, wenn das erzkatholische Brabant und Flandern, oder die Luxenburger und Trierer dem Reisenden zum Maaßstabe seiner Beurtheilung dienen, auch in dieser Hinsicht alle Achtung wiederfahren lassen. Diese letztern

Konvents den Mainzern Freiheit und Gleichheit anbieten sollen, wollen sie ihnen doch nicht einmal die Freiheit geben, sich selbst eine Regierungsverfassung, und zwar diejenige wählen zu können, welche ihnen nach ihren eigenthümlichen geistigen und leiblichen Bedürfnissen, die vollkommenste und beste zu sein scheint. Franzosen! besinnet Euch doch, Ihr macht ja die Menschen zu Eure Sklaven, wenn Ihr sie mit den Haaren in das Reich der Freiheit hineinschlept! Des Menschen Wille ist sein Himmelreich; und Deutsche, denen gottlob Eure charakterlose Gutmüthigkeit fehlet, dürften schwerlich je im Treibhause, das heißt, durch gewaltsame Mittel, Eurer Freiheit entgegen reisen. Ist Eure Freiheit wirklich so liebenswürdig, wie ihr sie uns schildert: so wird der träge aber sichere Gang der Erfahrung, so werden Jahrhunderte sie uns besser und überzeugender anpreisen, als Euer Zausen in unsern Haaren dies zu thun im Stande ist.

tern sowohl, als jene Niederländer, scheinen mir auf der Leiter der religiösen Geisteskultur wenigstens zehn Stuffen niedriger zu stehen, als die Mainzer. Zwar giebt es auch hier mit unter noch auffallende Beispiele von solcher Dummheit, Lieblosigkeit und Unduldsamkeit, die unverkennbar aus Mönchsverfinsterung und Pfafferei entsprang — (eine nur scheinbar harte Beschuldigung, die ich vielleicht in einem meiner folgenden Briefe mit Thatsachen belegen werde:) aber im ganzen bleibt es doch wahr, daß Menschenfreunde alle Ursache haben, sich der Fortschritte des hiesigen Katholizismus zur Vernunft und zum eigentlichern Christenthume herzlich zu freuen.

Man findet hier z. B. in den Händen vieler Katholiken ein ganz vortreffliches, höchst zweckmäßiges katholisches Gebetbuch, unter dem Titel: Gott ist die reinste Liebe; mein Gebeth und meine Betrachtung, von dem Hofrath von Eckartshausen. (Vierte Aufl. Hildesheim 1792.)

Auch ist im Erzstifte Mainz schon seit mehrern Jahren der lateinische Gesang beim Gottesdienste abgeschaft, und man singt an deren Stelle deutsche Lieder, deren Inhalt erbaulich und verständlich ist. Der Fürstbischof von Salzburg ist der Biedermann, der sich zuerst das Verdienst erwarb, die bisherige unsinnige Gewohnheit, von deutschen Gemeinen, die fast kein Wort Latein verstehen, lateinische Gesänge fänge singen zu lassen, in ihrer Blöße darzustellen, und überhaupt dem deutschen Gesange die Bahn zu brechen. Er hatte anfangs zwar mit Schwierigkeiten zu kämpfen, da die römischkatholische Kirche steif am alten Herkömmen zu kleben pflegt: allein er drang dennoch durch, und verdient nebst allen denen, die ihm, zu Gunsten der Vernunft und zum Wohle der fortschreitenden Menschheit, liebevoll die Hand boten, jetzt um so mehr eine Ehrensäule.

Die Bauern des mainzischen Dorfes Riesbeim waren indessen keineswegs damit zufrieden, daß man ihre lateinische Unvernunft gegen deutsche Vernunft vertauschen wollte. Sie widersetzten sich stürmisch der Einführung eines ihnen verständlichen Gesanges. Ihre Eltern, meinten sie ziemlich naiv, und ihre Großeltern, die doch auch keine Narren gewesen und kein Latein verstanden hätten, wären, nach Außsage ihres Pfarrers, selig geworden; und so hofften daher auch sie bei dem fernern lateinischen Gesange in den Himmel zu kommen. Unter diesen und ähnlichen Aeußerungen des Eigensinns, und bäurischer Starrköpfigkeit hörten sie nach den väterlichen Belehrungen des Bessern gar nicht einmal hin. Aber sie bewiesen dadurch dem Kurfürsten nur, daß ihr vortrefflicher Wein um ein gutes Theil besser sei, als die Gelehrigkeit ihres Verstandes. Er suchte daher mit sechshundert Mann Exekutionstruppen, die er ihnen wegen dieser Widersetzlichkeit zuschickte, ihrer Einfalt unter die Arme zu greifen. Allein die reichen und übermüthigen Niedesheimer zahlten einem jeden derselben täglich die zur Strafe vestgesetzten sechs Batzen, gaben ihm, weil es so sein mußte, von ihrem Essen und ihrem Weine, und ließen sich dabei, nach wie vor, ihren lateinischen Singsang wohlbehagen. Lange ließen sie sich, durch das freilich etwas unapostolische Bekehrungsmittel Sr. kurfürstlichen Durchlaucht im mindesten nicht überzeugen, daß es dem deutschen allgemach zur Vernunft zurückkehrenden katholischen Bauer nicht gezieme, den lieben Gott in seinen Tempeln mit unverstandenen lateinischen Worten anzublerren. Aber endlich — nach Verlauf von neun Monaten — wurden sie doch der kostspieligen Exekution überdrüssig, und nun reden auch sie, so wie alle übrige Gemeinden des Erzstifts — deutsch zu Gott.

Ich komme noch einmal auf die Außenseite von Mainz zurück. Die Stadt hat einen ansehnlichen Umfang, und ist großentheils unregelmäßig in einander gebauet. Die enge und krumme Straßen und Gassen durchkreuzen sich allenthalben; es wird daher dem Fremden schwer, sich hier zu orientiren. Regelmäßiger ist der Theil der Stadt gebauet, wo das kurfürstliche Schloß steht. Hier findet man wieder gerade und ziemlich breite Straßen, wo man frei athmen kann.

[67]

kann. Die Rheinseite der Stadt ist bloß mit einer Mauer umgeben, und erhält ihre Bestigkeit von diesem reißenden Strome und den gegenüber belegenen Verschanzungen zu Kassel, welche mittelst einer schönen und sehr langen Schifbrükke von vier und siebenzig Schiffen mit Mainz verbunden sind. Ihre weitläuftigen Bestungswerke erfordern eine starke Besatzung; fehlt diese nicht, so sind sie, unterstützt von der Zitadell Kassel, und bei der gehörigen Vertheidigung, nur mit großem Menschenaufwande, und unermüdeter Ausdauer der Belagerer, zu überwältigen. Der Feind, denk ich, hat uns diese Wahrheit zur Genüge erwiesen.

Die Beschreibung einer Menge hier in und bei Mainz gefundener römischer Alterthümer und besonders des uralten berühmten Eichelsteins auf den mainzischen Bestungswerken, oder des dem Andenken des römischen Feldherrn Nero Claudius Drusus errichteten Zönotaphiums, nebst einer Uebersicht der Geschichte dieses Orts, muß ich mir für besondere Briefe vorbehalten, um den gegenwärtigen nicht ungebürlich zu verlängern. Ich schließe mit einer Anekdote, die zwar eigentlich in das Fach der Alterthümer gehörte, jedoch auch in dieser meiner Apologie der guten Mainzer nicht ganz am unrechten Orte steht. Ich verdanke sie dem Herrn Hütter, einem hiesigen jungen Gelehrten.

E 2 Die

Die Franzosen gruben, da sie im vorigen Jahre das Städtchen Kassel in eine Vestung verwandelten, daselbst einige sehr seltene römische Denkmäler aus der Erde. Herr Hutter, der sie sah und zu würdigen verstand, wollte sie ihnen abkaufen, und sehr gut bezahlen. Allein die Enrages unter ihnen schimpften ihn deshalb, ohne ihn weiter zu kennen, einen Aristokraten, ergriffen auf der Stelle den Hammer, und zerschmetterten die gefundenen Kostbarkeiten, indem sie verweisend und mit Heftigkeit hinzusetzten: „Sacredieu! ihr eigensinnigen Mainzer liebt doch in allen Stücken das Alte" — Ein Vorwurf, der wahrscheinlich auf die Entschlossenheit hindeuten sollte, mit welcher die mehresten Mainzer bei allen Gelegenheiten ihre Verachtung des Klubistenunfugs und ihre Vorliebe für die modificierte alte Regierungsverfassung zu erkennen gaben.

Dreizehnter Brief.

Inhalt.

Bergstraße — Frankfurther Geleit — Mord einer Schlange — Malchenberg — Deutsche Alterthümer — Granitsäule im Odenwalde — Ladenburg — Friedrichssäule — Brodanekdote — Römisches Kolumbarium — Römische Bäder — Heidelberg — Unerhörte Grausamkeit — Residenzschloß — Heidelberger Weinfaß — Echo — Schloßruinen — Quelle — Kirchen und Klöster — Universität — Nekkarbrüke — Wolfsbrunnen — Heidenlöcher — Geschichte des Heiligenberges —

Heidelberg, im August 1794.

Ich habe mir die Merkwürdigkeiten des Odenwaldgebürges und einigen Nekkargegenden aufgesucht, die ich Ihnen, liebster Freund, jetzt treulich mittheilen will. — Auf der so genannten Bergstraße, auf welcher ich hierher nach Heidelberg gereiset bin, befand ich mich fast beständig in der Gesellschaft von verfallenen Bergschlössern, Wartethürmen und zerstöhrten Raubnestern. Mir war dabei zu Muthe, als ob ich in die alten Ritterzeiten, in die Jahrhunderte des Plünderns, Sengens und Brennens zurück versetzt wäre. Aber die mannigfaltigen Naturschönheiten und Abwechselungen dieser hier und da mit feinen Obstbäumen besetzten Straße weckten mich angenehm aus diesem Traume, und ließen mich die ehemalige Unsicherheit dieses Weges bald vergessen. Doch halten die Frankfurther, wie ich höre, noch bis auf diesen Tag einige Husaren — ehemals, um denen, welche ihre Messen bezogen, vorzüglich auf dieser Straße ein sicheres Geleit zu geben, jetzt vielleicht, zur Aufrechthaltung ihrer Gerechtsame, sich von diesen Handelsleuten auch in den Tagen vollkommner Sicherheit, Schutzgeld zahlen zu lassen.

Jene Zeiten ritterlicher Befehdungen dürften auch der vielleicht allegorischen Vorstellung eines zwischen Laubenbach und Hemsbach, neben der Straße befindlichen, auffallenden Steines das Dasein gegeben haben. Auf der einen Seite dieses sieben Schuh hohen Steines ist eine männliche Figur, auf der entgegen stehenden ein adeliches mir unbekanntes Wappen ausgehauen. Zu den Füßen des Mannes liegt ein Huth; sein Haupt ist von einer großen Schlange umwunden. — Unten steht in vier Zeilen eine unlesbare Steinschrift. Eine alte Volkssage erzählt von diesem Denkmale, es sei dem Andenken eines durch eine Schlange hier getödteten Ritters gewidmet.

Die

[71]

Die Bergstraße führt an den Fuß des berühmten Malchenberges in der obern Grafschaft Katzenellenbogen vorbei. Dieser Berg ist auf der Rheinseite sehr steil, ragt über alle seine Nachbaren hervor, und ist unstreitig der höchste in der umliegenden Gegend diesseits des Rheins. Schon Ptolomäus gedenkt seiner unter dem Namen Mölibokus. Die hohe vom hessenschen Landgraf Ernst Ludwig erbauete Warte auf seinem Gipfel scheint sich in den Wolken zu verlieren. Den Rittern in den Zeiten des Raubens war er für ihr Handwerk in mehr als einer Rücksicht ein sehr wichtiger Berg. Denn da sie von oben herab nicht bloß die Bergstraße und die reizende Ebene übersahen, in welcher sich der Rhein aus tiefer Ferne daher schlängelt, sondern auch die jenseitige Pfalz und über das Hartgebürge hin, selbst Pirmasens noch erblickten: so konnten sie von da oben, gleich der Katze, die auf Raub lauert, ihrer baldigen Beute gemächlich nachspüren. Vielleicht könnte gar dieser in der Natur der Sache so gegründete Vergleich den Etimologen auf die Spur von dem Ursprunge des gräflichen Stammnamens Katzenellenbogen führen.

Von dem Malchen herab sieht man in der Richtung nach Marburg, sogar den weit entlegenen Dinsberg oder Dönigesberg bei Gießen, auf dessen Gipfel sich noch einige uralte deutsche Alterthümer finden sollen.

In der Nachbarschaft des Malchenberges, der ein Theil des Odenwaldgebürges ist, liegt das pfälzische Oberamt Lindenfels, mit seinen zwei verfallenen, hier so übel berüchtigten Spukschlössern — der Kriegs- und der Friedensburg, deren Geschichte ich Ihnen bereits in einem meiner frühern Briefe mitgetheilt habe, und die wenigstens einen Beleg zu der Wahrheit abgeben konnte, daß man in Absicht der Vorliebe für das Uebernatürliche und Wunderbare auch von der übrigens ziemlich hellen Pfalz sagen kann: Tout comme chez nous.

In dem Spielraume jenes Gespensts liegt auf einem erhabenen Granitberge des Odenwaldes zwischen dem Städtchen Lindenfels und der Bergstraße eine ungeheure Granitsäule, die man mit vieler Wahrscheinlichkeit für das Machwerk der einst hier hausenden Römer hält. Sie hat drei und dreißig Fuß Höhe, vier und einen halben Fuß im Durchmesser, und liegt noch auf dem nämlichen Platze, wo sie behauen wurde. Sie besteht aus einem einzigen Stükke, und wird von den hiesigen Einwohnern die Riesensäule genannt. Das dazu gehörige Fußgestell von vierzehn Fuß im Umfange, auf welches sie wahrscheinlich hat aufgerichtet werden sollen, ist hier unter dem Namen des Riesenaltars bekannt. Es liegt in einiger Entfernung von der Säule aus dem nämlichen Felsen ausgehauen, aber noch un-
vollen-

vollendet. Dies Alterthum ist um so merkwürdiger, je allgemeiner man bisher dergleichen Säulen wohl in den ägyptischen, nicht aber in deutschen Gebirgen gesucht hat. Es scheint, daß die Römer dies ansehnliche und mühevolle Werk nicht vor jenem Zeitpunkte hatten vollenden können, wo die deutschen Völker sie über den Rhein zurücktrieben, und auf immer hinderten, in das diesseitige Deutschland zurück zu kehren.

Merkwürdig durch hohes Alterthum ist hier ferner die benachbarte pfälzische Stadt Ladenburg, am rechten Ufer des Nekkars zwischen Heidelberg und Manheim gelegen. Eine Menge sowohl in der Stadt als in der umliegenden Gegend vorgefundener römischer Denkmäler, welche theils in Stein gehauen und auf Münzen geprägt, theils in damals üblichen Kriegswaffen und Urnen auf die Nachwelt gekommen sind, geben hinlänglich zu erkennen, daß die jetzige Stadt Ladenburg das alte Lupodunum sei, dessen der Burgermeister zu Rom, Decius Ausonius, in seiner Mosella gedenket.*) Ja der Name selbst läßt einen noch ältern als römischen Ursprung dieser Stadt vermuthen, da erweislich ist, daß die Endung desselben — dunum — aus der celtischen Sprache herkomme, und in solcher eine Erhöhung bedeute. Nachher, da diese Gegend durch die

---

*) Aufonii Mofella. Idyll. X. v. 420. et feq.

die Deutschen den Römern wieder entrissen, und unter die Herrschaft der fränkischen Könige gekommen war, wurde dieser Strich Landes längst dem Ausflusse des Nekkars der Lobbengau, die Stadt selbst aber Lobbenburg und Loboduna civitas genannt. Auch heißt sie Laudemberg, z. B. in der Urkunde vom Jahre 636, worin der fränkische König Dagobert die Stadt nebst den ganzen Odenwald der Peterskirche zu Worms schenkt. Der königl. Pallast zu Ladenburg, dessen diese Urkunde erwähnt, wurde nachher das Residenzschloß der Bischöfe zu Worms. In der Mauer desselben war lange Zeit ein in Stein gehauenes heidnisches Ochsenopfer — ein römisches Taurobolium — eingemauert, welches seit der Zerstöhrung dieses alten Pallasts durch die Franzosen, in Manheim aufbewahrt wird. Unter andern fand man auch noch einen Opferstein mit folgender Inschrift in dem Schlosse:

```
         IVNONI . REGINÆ .
        MINERVÆ . DEÆ . ------
          BVSQVE . MIN . ------
      PRO . SALVTE . ET . INCOL----
     D. D. NOSTRORVM . DIOCLET----
         MAXIMIANI . FEL ----
        AVGVSTORVM . CONST----
        ET . MAXIMIANI . NOB . C----
           CIVITAS . MOG .
         ----- VER . IN . EAV-----
         ----- IAL -----------
```

Etwas

Etwas unterhalb Ladenburg ist das Dorf Friedrichsfeld wegen der bekannten Friedrichs= schule, oder, richtiger zu reden, wegen des steinernen Kreuzes, merkwürdig, welches Kurfürst Friedrich der Erste zum Andenken des den 30sten Brachmonat 1462 hier erfochtenen herrlichen Sieges, hat errichten lassen. Da es durch die Länge der Zeit schadhaft ge= worden war, ließ es der jetzt regierende Kurfürst er= neuen, und das alte Denkmal der Sammlung von Al= terthümern im Schlosse zu Manheim einverleiben. Die in Stein gehauene Inschrift des alten Kreuzes ist folgende:

„Als man zalt nach Gottes Geburte M.CCCC.LXII.
„jar uff Sant Paulus Gedechtnuß Tag sint, uff
„dieser Wallstat durch Herzog Friedrich Pfalzgrave
„by Rine ꝛc. und Kurfürsten nyder geworfen wor=
„den, Her Jorg Bischoff zu Metz, Markgrave
„Karle von Baden, und Grave Ulrich von
„Wirtemberg, mit einer merglichen Zale jr Die=
„ner, Graven, Heren, Ritter und Knechte, und
„derselben, die in solchem Gescheffte tod bliben sint,
„wolle Gott barmherzig sien, und uff denselben tag
„sint vil zu Ritter geschlagen."

Außer den genannten Personen wurden bei diesem großen Siege noch einhundert und vierzig Grafen und Edle gefangen und im Triumph nach Heidelberg gebracht. Der Kurfürst bewirthete jene drei Heerfüh=
rer

setzte den ersten Abend auf das Beste und Reichlichste. Er hatte aber seiner Dienerschaft strenge verboten, ihnen durchaus kein Brod zu reichen. Der Kurfürst mit seinem Anhange ließ sichs vortrefflich schmecken, und nöthigte seine vornehme Gefangene unaufhörlich, darin seinem Beispiele zu folgen. Da sie aber aus Mangel an Brod nur sehr wenig essen konnten, und die Bedienten, die sie aufforderten, ihnen dergleichen zu reichen, sich jedesmal entfernten, als holten sie Brod: so sagten sie endlich ihrem Wirthe, die nachläßige Dienerschaft vergäße, ihnen Brod zu reichen.

„Nun, Ihr Herren! — erwiederte der Kurfürst, — da könnt Ihr fühlen, wie meinen armen Unterthanen zu Muthe ist, deren Früchte ihr verheeret und verbrannt habt."

Auf der andern Seite von Ladenburg liegt, am Fuße des Odenwaldgebürges, neben der Bergstraße, der Marktflecken Schriesheim, wo ich zwei römische Denkmäler aus dem zweiten oder dritten Jahrhundert sah. Im Jahr 1766 entdeckte man nämlich in dem hiesigen Felde gegen Westen von ungefähr eine vierecktige Gruft in der Erde, welche die Römer Columbarium nannten, und worin sie die Todtentöpfe mit der von den verbrannten todten Körpern übrig gebliebenen Asche aufbewahrten.*) Auch fanden sich

---

*) Eine weitläuftige gelehrte Abhandlung hierüber von dem Prof. Schöpflin findet man in den Act. Acad. Pal. Tom. II. p. 107.

ſich noch die Fundamente eines dazu gehörigen Speiſe-
zimmers — Coenaculi — und einer Opferkapelle —
Sacelli. — An ihrer Stelle hat der Kurfürſt eine Säule
von toſkaniſcher Ordnung errichten laſſen. Die
Ueberbleibſel einiger römiſchen Bäder,*) welche
man ebenfals in dieſer Gegend unter der Erde entdeckte, ließ der Kurfürſt wieder herſtellen, einfaſſen,
und überbauen. Ueber dem Eingange zu dieſem Gebäude iſt folgende Aufſchrift eingehauen:

> BALNEORVM ROMANOR. FVNDAMENTA
> SVMMIS AVSPICIIS
> CAROLI THEODORI PRINCIPIS ELECT. ERVTA
> PARTIMQVE TECTO MVROQVE HOC MVNITA
> PARTIM VTI FVERANT DEFOSSA
> AO. MDCCLXVI.

Jetzt ein Paar Worte von Heidelberg. Der
Urſprung dieſer vormaligen Haupt- und Reſidenzſtadt
der Pfalz am Rhein, iſt ungewiß, und ihres Namens wird in glaubhaften Schriften nicht vor dem
Ende des zwölften Jahrhunderts gedacht. Indeſſen
iſt es wahrſcheinlich, daß das Thal, in welchem ſie ſich
zwiſchen Bergen und dem linken Ufer des Neckars
hinſchlängelt, ſchon lange vorher bewohnt war. Denn
nicht

---

*) Ein mehreres von den römiſchen Bädern ſ. des
Herrn Prälat Häffelin Abhandlung in den Act. Acad.
Pal. Tom. III. hiſt. p. 214.

nicht nur die Geschichte, sondern auch der Augenschein beweisen, daß schon in den ältesten Zeiten auf den zu beiden Seiten der Stadt und des Nekkars gelegenen Bergen Kastelle gestanden, welche den Römern zur Erhaltung der Gemeinschaft zwischen beiden Ufern allerdings nöthig scheinen mogte.

Den Namen der Stadt leiten Einige von Heidenberg ab, sofern der daneben gelegene Berg einst von Heiden, d. h. von den Römern, bewohnt und bevestiget war. Andere suchen seinen Ursprung in der Benennung Heiligenberg, welche dieser Berg jetzt führt. Aber auch die vielen Heidelbeeren, welche auf den benachbarten Bergen wachsen, können die Veranlassung des Namens gewesen sein.

Die Stadt konnte, da sie am Fuß und zum Theil noch auf dem Abhange eines Berges liegt, nichts weniger als regelmäßig erbaut werden, empfielt sich auch nicht durch breite Straßen, oder lichtvolle schöne Häuser. Sie zählt überhaupt zwölf Kirchen und Klöster, eintausend Wohnungen und nicht ganz eilftausend Einwohner. Die schaudervollen Grausamkeiten des dreißigjährigen Krieges trafen die unglückliche Stadt im vollen Maaße. Aber noch schrecklicher waren die Mordbrennereien, noch empörender die unnatürlichsten Barbareien, durch welche das französische Kriegsheer am 11ten Mai 1693 hier ihr Andenken brandmarkte. Kaum war der Marschal de Lorge durch die Verrätherei des

pfäl=

pfälzischen Kommandanten von Heidersdorf im
Besitz der Stadt, so wurde aller nur erdenkbare Fre-
vel an den Einwohnern verübt, von denen es nur wenigen glückte, sich mit dem Kommandanten in das
Schloß zu flüchten. Um nicht gemißhandelt, geschän-
det, niedergehauen zu werden, eilten die Geängsteten
in die h. Geistkirche. Aber die genothzüchtigte
Unschuld fand auch auf den Altären keine Freistädte.
Endlich versperrten die abendländischen Türken
alle Zugänge der mit Unglücklichen angefüllten Kirche,
und zündeten den Eingesperrten Kirche und Thurm
über den Köpfen an. Das fürchterliche Zetergeschrei,
welches nun entstand, kitzelte lange ihre Ohren. Endlich, da Kirche und Thurm in vollen Flammen standen, erbarmten sich die Ungeheuer, und eröffneten die
Thüren wieder. Wer nun nicht erdrückt wurde, und
nicht sinnlos von der Todesangst ergriffen war, rett-
tete sich; die übrigen verschüttete der unmittelbar
darauf einstürzende Thurm und die Kirche. Nach
zehn Stunden lag die an allen Ekken angezündete
Stadt in der Asche.

Da diese Barbareien des französischen Generals nicht ohne Vorwissen und Befehl seines Hofes
an den großentheils protestantischen, das heißt, ketze-
rischen Einwohnern Heidelbergs verübt wurden; so mögt' ich wohl berechnen können, wie viel
Antheil an dem Schicksale dieser Ketzerstadt irgend ein
fana-

fanatischer Pfaffe von Beichtvater an dem französischen Hofe, durch seinen satanischen Einfluß auf Kabinetsbefehle hatte. Wenn ich bedenke, daß wir bei der jetzigen Neufrankenrepublik höchst wahrscheinlich nicht mehr zu befürchten haben, daß sich die verherenden Wirkungen des lieblosesten Pfaffengeschwätzes in ihre Beschlüsse mit einmischen werde: dann, Freund! ist mir, als sollt' ich eine Apologie des mannigfaltigen durch die französische Revolution bewirkten Uebels schreiben. Bei dieser Gelegenheit wurde Heidelberg auch ihrer Vestungswerke beraubt. Auch das ehemals veste kurfürstliche Residenzschloß, welches über der Stadt auf einer Fläche des Geisberges liegt, fiel jetzt den verwüstenden Franzosen in die Hände. Das Andenken dieses prächtigen Alterthums erhielt sich zwar noch immer in den Werken der Baukunst, deren ungemein starkes Mauerwerk selbst der französische Brand nicht ganz zu zertrümmern im Stande war. Allein im Jahre 1764 vollendete ein zündender Wetterstrahl die Verwüstung desselben. Alles was man retten konnte, waren die Schloßkapelle und ein wieder ausgebesserter Schloßflügel, den man durch Anlegung einer Savoneriefabrike sehr gut benützt. Auch verfertigt man daneben eine ungemein schöne Art Zeuges von den Haaren der Angoraziege.

Unter dem neuern Theile des Schlosses sind die weitläuftigen kühlen und bequemen Gewölbe, in welchem chen unter einer Menge großer Weinfässer das seit zwei Jahrhunderten berühmte Heidelberger Faß, welches Pfalzgraf Kasimir im Jahr 1591 erbauen ließ, und damals hundert und zwei und dreißig Fuder enthielt, noch lange nicht das größeste ist. Denn, da dasselbe mit der Zeit unbrauchbar geworden war, so ließ der jetzt regierende Kurfürst im Jahr 1751 ein neues noch viel größeres Faß verfertigen, welches sechs und dreißig Schuh lang, vier und zwanzig Schuh hoch ist, zweihundert und sechs und dreißig Fuder oder zweitausend dreihundert und sechzig Ohmen faßt, und auf seiner geebneten Oberfläche einen so geräumigen Tanzboden mit einer Gallerie hat, daß acht Paar zugleich und bequem eine Menuette darauf tanzen können. Vielleicht haben Sie das große Weinfaß auf dem Spiegelsberge bei Halberstadt gesehen: aber ich versichere, daß dasselbe nur ein Zwerg gegen dies Ungeheuer zu Heidelberg ist.

Von dem durch Kurfürst Friedrich den Fünften mit außerordentlichen Kosten angelegten Schloßgarten, ist fast nichts mehr übrig, als seine ganz vortreffliche Lage, und die Ruinen einiger Grottenwerke. Merkwürdig ist in demselben der Standpunkt, auf welchem ein Echo viele Worte hintereinander mit einer seltenen Deutlichkeit nachspricht.

Die ganze prächtige Ruine des Schlosses, die weniger dem Zahne der Zeit, als dem Blitzstrahle, und dem Pulver der Generale Tilli und de Lorge ihr Dasein verdankt, hängt an dem steilen Berge unbeschreiblich schön, gleichsam über die Stadt hin. Besonders gewährt jener runde Thurm einen grausenvollen Anblick. Seine sechszehen Fuß dikke Mauer ist durch französisches Pulver von unten nach oben zerrissen, so daß der ganze ungeheure Thurm in zwei Hälften getheilt wurde, die eine derselben stürzte in den nahen Abgrund hinab, und die andere blieb über den ehemaligen Burggraben hin, in einer so auffallend schiefen Richtung hängen, daß man nicht ohne Grausen und Furcht vor dem Herabstürzen darunter hingehen kann.

Ueber diesem Schlosse war in den frühern Zeiten fast an dem Gipfel des nämlichen Berges noch ein zweites, dessen eben so, wie des untern, schon in einer Urkunde von Jahre 1329 Erwähnung geschiehet. Beide Schlösser waren gerade ein halbes Jahrtausend die ordentliche Residenz der Pfalzgrafen. Das höchste von beiden wurde aber im Jahr 1278 zum ersten, und 1537 zum andernmal durch Feuer und Wetterstrahl gänzlich vernichtet; Jetzt sieht man davon nur noch die Grundmauern und den gepflasterten Weg, der zu demselben hinauf führte.

Das auf dem Schlosse quellende Wasser zeichnet sich durch die Eiskälte aus, welche es mit sich führt, und ist so, wie das heidelberger Quellwasser überhaupt, durch seine kristallene Klarheit und außerordentlichen Güte berühmt.

Unter

[83]

Unter den sechs Klöstern zu Heidelberg ist das der Karmeliter, wegen jenes prächtigen Sarges vorzüglich sehenswerth, welches die Hülle des als Held und Menschenfreund gleich unsterblichen Prinzen Friedrich von Pfalzzweibrükken in sich schließt.

Die Bibliothek, so wie auch das physisches und Naturalien-Kabinet der hiesigen Universität — welche letzte, beiläufig erinnert, schon im Jahre 1386 gestiftet, folglich die älteste in ganz Deutschland ist — sind hier eben so sehenswerth, als die schöne Modellsammlung, die Bibliothek und das physische Kabinet der zu Kayserslautern gestifteten und im Jahr 1784 nach Heidelberg verlegten Hohenschule der Staatswirthschaft.

Auch der hiesige botanische Garten ist einer der ältesten Gärten dieser Art, und enthält, nach der durch den Herrn Prof. Gattenhof im Druck erschienenen Beschreibung desselben, eine sehr vollständige Sammlung einheimischer und ausländischer Pflanzen.

Den Zusammenhang der Stadt mit der Bergstraße unterhält eine erst neuerlich erbaute massive Brükke über den Nekkar. Sie ist durch die schönen Standbilder des regierenden Pfalzgrafen und der Minerva in drei gleiche Theile getheilt und ausgeschmükt. Jenes hat die Unterschrift:

F 2   PALA-

PALATINORVM . PAPTI .
CAROLO . THEODORO .
HOC . PIETATIS . MONVMENTVM .
POSVIT . SENATVS .
POPVLVSQVE . HEIDELBERGENSIS .
AO . MDCCLXXXVIII .

Unter dem Standbilde der Minerva steht:

CAROLO . THEODORO .
PIETATIS . IVSTITIÆQVE . PATRONO .
AGRICVLTVRÆ . ET . COMMERCII . FAVTORI .
MVSARVM . AMICO .
MDCCXC .

Einer der beliebtesten Spaziergänge bei Heidelberg ist der, nach dem Wolfsbrunnen, einem Wirthshaus in einem kühlen Thale des Geisberges, eine halbe Stunde oberhalb der Stadt. Die größeste Tiefe dieser Thalgegend ist mit Quadersteinen eingefaßt, und hat in ihrer Mitte einen herrschaftlichen mit Forellen besetzten Fischteich. Da die Sonnenstrahlen vor den umliegenden Höhen in gerader Richtung fast gar nicht hierher können, so ist die Luft hier, selbst in der Hundstageshitze, äußerst kühl und an heißen Tagen sehr angenehm.

Nicht

Nicht sehr weit von diesem Brunnen geht ein gewölbter Gang unter der Erde hin, wovon ich weiter nichts habe in sichere Erfahrung bringen können, als daß der gemeine Mann denselben von jeher das Heidenloch genannt hat. Ein ähnliches sogenanntes Heidenloch zeigte mir mein Führer auf dem in manchem Betracht sehr merkwürdigen, am rechten Ufer des Nekkars neben Heidelberg gelegenen Heiligenberge. Dies letztere hält man allgemein für das Luftloch eines unterirdischen Ganges, der mit dem Kastell in Verbindung stand, welches die Römer zur Beschützung des Nekkarflusses auf diesem Berge erbauet hatten, wie wenigstens die hier gefundenen römischen Münzen und andere Denkmäler sehr glaubhaft machen. Der Tempel, welchen sie auf dem Gipfel dieses Berges hatten, soll nach der Meinung Einiger, ein sogenanntes Pantheon gewesen sein. Dies ist indessen wenig wahrscheinlich, obgleich ein hier gefundener römischer Opferstein in dieser Hinsicht merkwürdig genug ist. Die vier Seiten dieses Steines sind auf folgende Art verziert:

Die erste enthält einen in dem Steine halb erhaben gearbeiteten Adler mit dieser in einem Kranze eingegrabenen Schrift:

I. O. M.
IVLIVS. SECVNDINVS. ET.
IVLIVS. IANVARIVS. FRATRES.
V. S. L. M.

Die andre Seite ziert eine geflügelte, bis an den Unterleib nackte Göttinn, die mit dem linken Fuß auf einer Kugel steht, und auf einer länglichtrunden Tafel schreibt. Auf der dritten steht Vulkan mit seinen Attributen. Das weibliche Bild der vierten Seite ist in ein Gewand gehüllt, und scheint einen Wurfspieß in der linken Hand zu halten. *)

In Urkunden aus dem neunten Jahrhundert wird dieser Berg Mons Abrahae, und das Kastell selbst Aberinesburg genannt. Der vormalige Götzentempel scheint nachher dem Abraham gewidmet worden zu seyn; Zu König Ludwig des Zweiten Zeit war das Ganze schon in ein Kloster umgewandelt, welches nachher die Tempelherren besaßen. Die Ruinen auf dem Gipfel dieses ganz mit Bäumen bewachsenen hohen und steilen Berges ragen hier und da schauerlich aus dem Dickigt hervor, und es fehlte nicht viel, so hätte mich, da ich einsam in demselben umherirrete, am hellen Tage ein unwillkürliches Grausen ergriffen.

*) Man findet diese Denkmäler im ersten Bande der Act. Acad. Pal. p. 193 — 202. durch den Hofr. Lamey abgezeichnet und erläutert.

Vier-

Vierzehenter Brief.

Inhalt.

Manheims Schönheit — Paradeplatz — Unvollkommenheiten — Gruppe des großen Marktes — Oeffentliche Gebäude — Kurfürstliches Schloß — Festungswerke — Alte Geschichte des Orts — Das unglückliche Kuffel — Die kurfürstliche Bibliothek — Alterthümersammlung — Kabinet der natürlichen Seltenheiten — und der Naturlehre — Bildergallerie — Kupferstichkabinet — Saal der Statuen — Sternwarte — Schloßkapelle — Akademie und gelehrte Gesellschaften — Krankenwärterschule. —

Manheim, im August 1794.

Endlich habe ich auch meine Lüsternheit nach der Bekanntschaft des schönen Manheims zu befriedigen Gelegenheit gehabt. Gewöhnlich pflegt man sich wohl getäuscht zu finden, wenn man einen bisher ungekannten Gegenstand mit gespannten Erwartungen aufsucht. Ich fürchtete daher, hier würde es auch mir so gehen: allein ich fand vielmehr, daß dieser Ort, wenigstens in dem Gesichtspunkte, aus welchem

F 4 ich

ich ihn ansah, wirklich die schöne freundliche Residenz ist, für welche sie der Ruf ausgiebt. Diejenigen, welche mehr als ich gereiset sind, und sie also mit ihres Gleichen besser vergleichen konnten, behaupten sogar, daß sie eine der schönsten und regelmäßigsten Städte Deutschlands sei. Ihre sämmtliche Straßen sind schnurgerade, sehr breit, gut gepflastert und reinlich. Sie alle durchschneiden einander auf einer vollkommenen Ebene, bei fast gleichmäßigen Entfernungen, in lauter rechten Winkeln. Die funfzehnhundert und funfzig Häuser, welche man hier zählt, bilden hundert und acht Quadrate. Die öffentlichen Plätze, deren jeder nicht bloß den beträchtlichen Flächenraum eines solchen Quadrats, sondern noch obendrein die vier dasselbe umgebende Straßenbreiten einnimmt, sind daher von einem ganz ungewöhnlich großen Umfange.

Einer derselben ist der mit doppelten Baumreihen umgebene Paradeplatz. In dessen Mittelpunkt stehet das eben so schön als künstlich ausgearbeitete metallene Brunnengestell, welches Kurfürst Johann Wilhelm durch einen italiänischen Künstler, Namens Grippello, gießen ließ. Es ruhet auf einem Fußgestelle von schwarz und weißem Marmor, woraus vier starke oben mit einem Gewölbe verbundene Pfeiler hervor ragen, die ein auf vier Seiten geöffnetes Gemach im innern Raume darstellen, und die Pyramide erheben. Daß die schon längst im Werk gewesene

sene Wasserleitung in diesen Brunnen leider noch immer nicht hat zu Stande gebracht werden können, ist um so mehr zu bedauern, da wegen der niedrigen und moraſtigen Ebene, worin Manheim liegt, der Mangel an gutem Trinkwaſſer und an guter Luft bis jetzt zu den Hauptunvollkommenheiten dieſer Stadt gehört hat.

Die Mitte des großen Marktplatzes, ziert eine vortreffliche in Stein gehauene Gruppe von der Meiſterhand des van der Branden. Dieſes koſtbare Werk des Meißels ſtellt auf einem hohen und eingefaßten Fußgeſtelle den Merkur ſchwebend vor, wie er das Bild einer Stadt zwiſchen zwei Flüſſe — den Rhein und den Neckar — niederſetzt. Auf der Abendſeite der Gruppe ſtehet zu Ehren des Gebers:

CAROLVS . THEODORVS . P . FEL . AVG .
CIVIVM . AMOR . DONO . DEDIT .
MDCCLXVII .

Folgende Inſchift der Mitternachtsſeite bezieht ſich auf den Umſtand, daß Kurfürſt Karl Theodor dieſe Gruppe eigentlich verfertigen ließ, um ſeinen Garten zu Schwetzingen damit zu verzieren, ſich nachher aber eines andern beſann, und ſie der Bürgerſchaft zu Manheim zum Geſchenk machte:

> PLAVDITE . IAM . VESTRÆ . TANTO . SVB.
> PRINCIPE . SORTI .
> VOS . QVAM . DELICIAS . PLVS . AMAT .
> ILLE . SVAS .

Die vorzüglichsten öffentlichen Gebäude der Stadt sind namentlich folgende: sechs katholische, eine lutherische und zwei reformirte Kirchen, eine Synagoge, ein Kaufhaus — Das letzte ist ein auf vier und siebenzig steinernen Pfeilern und eben so vielen Schwiebbögen ruhendes sehr schönes Gebäude mit einem hohen Thurme — Ferner ein Rathhaus, eine Münze, ein Zeughaus, eine Stückgießerei, ein militärisches Waisenhaus, ein Lazaret, ein kurfürstliches Hospital, drei Bürgerhospitäler, sechs Kasernen, und ein Zuchthaus mit der passenden Ueberschrift:

„Gieb ihnen nach ihren Werken und nach der Schalkheit ihrer Sünden." Psalm 27. 4.

Einige von diesen Gebäuden verzieren die öffentlichen Plätze, und fallen bei der eigenthümlichen Größe der letzten, sehr gut ins Auge.

Das kurfürstliche Schloß ist von ungeheurem Umfange, und vielleicht einer der weitläuftigsten Palläste in Deutschland. Es nimmt die ganze Mittagsseite der Stadt ein, und wird bloß durch die Bastionen von dem Rheine getrennt. Man hat daher auf

auf der Wasserseite des Schlosses eine weite Uferebne und den im Sommer stets lebhaften Strom vor sich. Von der entgegenstehenden Stadtseite aber übersieht man aus den verschiedenen Zimmern die sämmtlichen mitternachtwärts laufenden Hauptstraßen der Stadt.

Dem Baumeister dieses Schlosses macht man den nicht ungegründeten Vorwurf, daß es für seinen ungeheuern Umfang, und besonders für die außerordentliche breite Fronte zu niedrig sei. Der nämliche Vorwurf dürfte auch die Bürgerhäuser treffen, die fast durchgehens nur zwei Stockwerk haben, und daher gegen die ansehnliche Breite der Straßen in keinem ganz richtigen Verhältnisse zu stehen scheinen.

Die Stadt enthält, nach einer Zählung von 1784, gegen zwanzigtausend Einwohner, und ihre weitläuftigen Vestungswerke erfordern, wenn sie gehörig vertheidigt werden sollen, wenigstens zehntausend Mann Besatzung. Diese Bevestigung ist nach dem berühmten Coehorn erbaut, und ihre Einförmigkeit und Uebereinstimmung unter einander scheint in dieser Hinsicht der seltenen Regelmäßigkeit der Stadt nichts nachgeben zu wollen. Sie bestehen aus dreizehn gleichförmigen Bastionen, welche die Stadt in einem eirunden Zirkel umschließen. Außerdem decken noch zwei Brückenschanzen die beiden Schiffbrücken über den Rhein und über den Neckar.

In

An der Außenseite des Rheinthores steht folgende schöne Aufschrift:

```
VIRTVS . CONIVNCTA . FORTIOR .
RHENVM . EGO . ME . RHENVS . DEFENDIT .
VIRTVTEM . GEMINAM . DEBEMVS . VNI .
CAROLO . PHILIPPO . ELECTORI . PALATINO .
PRINCIPI . PACIS . ET . BELLI .
QVIA . TEMPORE . PACIS . COGITAVIT .
QVÆ . BELLI . SVNT .
MDCCXXVIII .
```

Da die Geschichte dieses Orts nicht weit in die Vergangenheit hineinreicht, weil er noch gar nicht lange das ist, was er jetzt ist, so weiß man nur, daß an seiner Stelle vormals ein Dorf stand, welches nach Urkunden vom Jahr 765 den Namen Mannenheim führte. Erst im Jahr 1606 fing Kurfürst Friedrich der Vierte an, diesem Dorfe die Rechte einer Stadt zu geben, und daselbst eine Vestung unter dem Namen Friedrichsburg zu erbauen. Zu ihrer Bevölkerung nahm er die Niederländer in derselben auf, welche damals ihr Vaterland wegen verweigerter Gewissensfreiheit verließen. Im Jahr 1622 belagerten die Baiern die Stadt, und eroberten und verwüsteten sie. Nachdem sie wieder aufgebauet war, zerstöhrten die Franzosen sie im Jahr 1688 abermals; worauf die Kurfürsten

Jo=

Johann Wilhelm und Karl Stadt und Vestung in ihrer jetzigen Gestalt wieder herstellten. Was für ein Schicksal der gegenwärtige Krieg ihr zuziehen wird, mag die Zeit uns lehren. Zu bedauern ist sie immer, wegen ihrer so nahen Lage am Rhein. Französische Bomben können sie trotz der Rheinschanze leicht erreichen.

Doch gesetzt auch, Manheim würde im Verfolg dieses Krieges noch einmal belagert und erobert, wenigstens hätten die Einwohner dann nicht, wie einst, zu befürchten, daß die Eroberer, um Ketzerbrut auszurotten, ihre Stadt in einen Schutthaufen verwandeln würden, wie dies zur Zeit der baierischen und französischen Pfaffenregierung im vorigen Jahrhundert hier zweimal geschah.

Man sage nicht, das sei noch die Frage, da das Schicksal der Stadt Kuffel beweise, daß auch die Neufranken ihre Freude an Schutthaufen haben.

Hier war ein ganz andrer Fall — ein Fall, der die an dem Orte verübte Grausamkeit zwar nicht gut heißt, aber doch eben so sehr entschuldiget, wie man jedes andre nothwendige Kriegsübel nur immer entschuldigen mag. Kriege sind nun einmal leider! Zusammensetzungen von Ungerechtigkeiten und Grausamkeiten! Und wenn es der einen Parthei erlaubt ist, Valenciennes in einen Schutthaufen zu verwandeln, weil dieser Ort eine französische Vestung ist, welche sie erobern

bern will: so muß es auch der andern Parthei, der der Kredit ihrer Assignate am Herzen liegt, erlaubt seyn, jene deutsche Stadt in Brand zu stecken, welche, nachdem sie zu dreien malen vergebens gewarnet war, dennoch in ihrer Mitte die Schurken duldet, welche durch spitzbübische Verfertigung falscher Assignate keck einer Nation von fünf und zwanzig Millionen Einwohner Hohn sprechen. — Daß einer von diesen Schurken eine kusselsche Magistratsperson war, welche Gelegenheit hatte, jene dreimalige Warnung unterzuschlagen, ist freilich für die sämmtlichen unschuldigen Bürger ein großes Unglück, aber die Neufranken, die das ihrige thaten, haben es nicht zu verantworten.

Das, was mir in Manheim am meisten Vergnügen gemacht hat, ist der den schönen Künsten und Wissenschaften gewidmete rechte Flügel des Schlosses mit seinen mannigfaltigen Sehenswürdigkeiten. Aber ich müste, statt eines Briefs, ein Buch schreiben, wenn ich sie Ihnen, liebster Freund, hier vollständig beschreiben wollte. Erlauben Sie daher, daß ich mich kurz fassen darf:

Die Bibliothek besteht bereits aus siebenzigtausend Bänden, die in der schönsten Ordnung in einem prächtigen ungemein großen Saale dieses Schloßflügels aufgestellt sind. Beim Eingange stehen die Brustbilder Karl Theodors, des Stifters, und seiner Gemahlinn, beide von weißem Marmor. Das Platfondfondgemälde stellt die **Wissenschaften** und **Künste** vor, wie ihnen **Minerva** den Weg zum Throne der **Wahrheit** zeigt, und wie, die Laster der **Unwissenheit** zu ihren Füßen, in den Abgrund gestürzt werden. In der Mitte des Saales stehet, zwischen der **Erd-** und **Himmelskugel**, ein künstliches **kopernikanisches Weltsystem**.

In die Höhe hat dieser Bücherſaal drei Abtheilungen. Zu den zwei obern gelangt man durch verdeckte Treppen, und über eiſerne ſtark vergoldete Baluſtraden, welche äuſſerlich an den Büchern herumgehen. In dem untern Stokke befinden ſich die hiſtoriſchen, in dem mittlern die ſchönen und philoſophiſchen Wiſſenſchaften, in dem obern die Gottesgelehrtheit; und in einem beſondern Korridor hinter dem Saale die Rechtsgelehrtheit. Dieſer ungemein reiche Schatz von Büchern ſteht wöchentlich drei Tage zu jedermanns Gebrauch auf.

Das hieſige **Antiquitätenkabinet** enthält eine überaus koſtbare Sammlung von Alterthümern aller Art. Sie können ſich leichte denken, daß ich hier ganz in meinem Elemente war. Man findet hier

1) einige und ſiebenzig, mit **altrömiſchen Inſchriften** und **Figuren** bezeichnete **Opfer-** und **Grabſteine**, welche theils in dieſen Gegenden, theils in der Nachbarſchaft gefunden, und hier geſammelt ſind. Mit ihrer Beſchreibung befaßt ſich der bloße Liebhaber um ſo weniger, da man ſie ſchon

in den Annalen der hiesigen Akademie findet, und zwar von Männern, die bei einer vollständigen Sachkenntniß erschöpfend darüber geurtheilt haben.

2) Hetrurische Gefäße, und besonders Urnen von Alabaster, die außerhalb der toskanischen Lande nicht kicht irgendwo gefunden werden.

3) Kleine Bildnisse ägyptischer, griechischer und römischer Götzen, von Marmor, Kupfer und anderem Metalle.

4) Statuen und Brustbilder verschiedener römischer Kayser und anderer in der Geschichte berühmt gewordener Männer der Vorzeit.

5) Allerlei theils heilige, theils andre Gefäße: Urnen von verschiedener Art, Lampen, Gläser, Becher, Schüsseln u. s. w.

6) Kriegs- und Handlungsgeräthschaften: Spieße, Dolche, Messern, Scheren, Haarnadeln u. s. w. und endlich

7) Ueberbleibsel von mosaischer Arbeit, und gebakkene Steine mit Inschriften von verschiedener Art.

Das Kabinet der natürlichen Seltenheiten ist eins der reichsten in seiner Art, und füllt vier Zimmer an. Besonders findet man hier die Erzeugnisse des Steinreichs fast ganz vollzählig, so wie

auch

auch eine weitläuftige Sammlung von Versteinerungen und Seegewächsen aller Arten und Gattungen. Auch die Zahl der ausgestopften Vögel und anderer Thiere, so wie die Zahl der Bände des hier befindlichen Kräuterbuchs, ist sehr beträchtlich.

Das Kabinet der Naturlehre enthält Rüstzeuge über alle Theile der Erfahrungsnaturlehre, und ihre Zahl wird mit großem Kostenaufwande noch immer vermehrt. Vorzüglich beträchtlich ist die Sammlung zu den Versuchen über die Bewegung, die Luft, das Licht und die Elektricität. Die Vortrefflichkeit dieser Werkzeuge erhellet unter andern aus den Wirkungen der hiesigen Brennglaͤſer von Tschirnhaus. Sie haben drei französische Schuh im Durchmesser und ihre Brennweite ist zehn Schuh. Ein durch ihren Brennpunkt schnell durchgezogenes Holz steht in Flammen, — eine Flasche Wasser, mit welcher man durchfährt, kocht in dem nähmlichen Augenblick — der dichteste Stein, den man hineinhält, zerfließt sogleich wie Wachs am Feuer.

Die Bildergallerie enthält bereits sechshundert vier und vierzig ausgesuchte Gemälde. Sie füllen neun Zimmer an, und sind großentheils von den ersten Meistern der Kunst. Schon die Namen eines Holbein, Brandel, Carracci, Rubens u. s. w. werden Sie, liebster Freund, überzeugen, daß man bei einigem Sinn für dergleichen Kunstwerke, hier unter den Zaubereien des Pinfels so großer Künstler mit innigem Vergnügen verweilt, und sich kaum wieder davon losreißen kann.

Das hiesige Kupferstich= und Zeichnungskabinet ist vielleicht das vollständigste in Europa. Es besteht aus mehr als vierhundert Bänden im großen Folioformate. Die Kupferstiche sind nach den verschiedenen Schulen geordnet, nach der italiänischen, französischen, englischen, niederländischen, holländischen und deutschen, und vereinigen alles in sich, was diese Kunst in ältern und neuern Zeiten je seltenes und auserlesenes hervorgebracht hat. Auch sind dieser Sammlung einige und tausend Originalzeichnungen von berühmten Meistern beigefügt worden, für deren Werth die Namen eines Urbino, Raphael, Michel Angelo, Jul. Romain u. s. w. die Bürgschaft leisten. Ueber fünf hundert Stükke dieser Art sind hinter Glas gefaßt, und bekleiden die Wände dieses Kabinets.

Aber das sehenswürdigste von allen Kunstkabinettern des Schlosses ist wohl der Saal der Statuen. Alles, was Rom, Neapel, Florenz, Venedig u. s. w. in dieser Art Bewundernswürdiges aufzuweisen haben, das findet man hier in treuen und reinen Gipsabgüssen nach den schönsten griechischen und römischen Originalstatuen bei einander. Die herrliche Gruppe von Laocoon mit seinen Kindern — die beiden Ringer — Kastor und Pollux — einige

abge=

[99]

abgerissene Kinderfiguren der großen weltberühmten Todesgruppe, Niobe genannt — dann unter den einzelnen Figuren, der sterbende Fechter — die mediciſche Venus — der vaticaniſche Apoll — der farneſiſche Herkul — Hermaphrodit, und andre mehr, reißen nicht bloß den Liebhaber, ſondern auch den Künſtler und Kenner zur Bewunderung hin. Dieſer Saal iſt zugleich für das Studium junger Künſtler ſehr zweckmäßig eingerichtet. Er wird nämlich bloß von der Nordſeite erleuchtet, und jede Gruppe und Figur in demſelben ſteht auf einem Rollſtuhle, vermittelſt deſſen ſie — ſelbſt den großen Herkul nicht ausgenommen — mit leichter Mühe in das beſte Licht geſtellt, und in jede Richtung herum gedrehet werden kann.

Zu den übrigen Merkwürdigkeiten Manheims gehöret unter andern noch die eben ſo zweckmäßig als zierlich erbauete Sternwarte, die an Größe, Feſtigkeit und Schönheit ihres Gleichen ſucht, und eine Menge der koſtbarſten aſtronomiſchen Werkzeuge hat. Ferner die Schloßkapelle, deren Koſtbarkeiten und edle Steine, womit ihre Reliquien verziert ſind, von einem faſt unſchätzbarem Werthe ſein ſollen. Und endlich die wegen ihrer ſchönen Bauart berühmte, aber mit Gemälden überladene Jeſuiter- oder Hofkirche — das Zeughaus, und das deutſche Schauſpielhaus.

Die hiesige, um die Aufnahme der Wissenschaften so verdiente Akademien und gelehrte Gesellschaften sind weltbekannt. Auch übergehe ich mit Stillschweigen, die sich selbst lobende, wohlthätige öffentliche Vorlesungen in der hiesigen Kriegsschule, im anatomischen Theater, im chirurgischen Kollegium, in der Hebammen= und Krankenwärter=Schule. Nur von der letzten bemerk' ich noch, daß diese neue öffentliche Lehrschule bis jetzt in ihrer Art noch einzig sein dürfte, und doch unstreitig Nachahmung verdient. Ihr menschenfreundlicher Zweck ist, in einem jährlich gegebenen Lehrlauf von drei Monaten, vernünftige Krankenwärter zu bilden. Die Lehrlinge erhalten nach einem in dieser Absicht entworfenen Lehrbuche gesunde Grundbegriffe aus der Naturlehre, und überhaupt einen ihrer Bestimmung angemessenen Unterricht. Jedem jungen Wundarzte, jeder Kinderwärterinn u. s. w. ist hier ein freier Zutritt verstattet. Nach vollendetem Lehrlaufe werden die Schüler öffentlich geprüft, und die drei fähigsten erhalten silberne Denkmünzen.

Funfzehnter Brief.

Inhalt:

Einschiffung zur Rheinfahrt von Mainz nach Koblenz — Uferlandschaft des Rheingaues — Bingen — Mausethurm im Rheine — Rheinfall des Bingerloches — Anfang der Gebirgsufer — Andacht der Walfahrtenden zu Wasser — Entzükkende Rheingegend — Bacharach — Bacchusaltar im Rheine — Burg Staleck — Kunststraße über den Hundsrück — Feenschloß mitten in der Rheinfluth — Beste Gutenfels — Stadt Kaub — Ein Traum im Wachen geträumt — Hiobspost von Trier —.

Oberwesel, im August 1794.

Ich hatte mir zwar sehr viel Vergnügen von der berühmten Wasserfahrt auf dem Rhein von Mainz nach Koblenz, versprochen, aber das, was ich heute, schon auf dem ersten Drittheil dieser entzükkenden Reise, empfunden und genossen habe, hat doch meine Erwartungen noch übertroffen. Jetzt, wo ich die Feder ergreife, um Ihnen, theuerster Freund, von dem heutigen

tigen Tage Bericht abzustatten, bin ich in keiner geringen Verlegenheit, wie ich Ihnen unbeschreibliche Dinge beschreiben soll. In Sachsen und Schlesien, Brabant und Flandern hab' ich manche Gegenden gesehen, die nach meinen Empfindungen wirklich mahlerisch schön sind: aber deren keine hält den Vergleich aus mit dem ganz eigenthümlichen Zauber dieser Rheinuferlandschaften. Einer meiner heutigen Reisegefährten, ein Mann der viel gereiset ist, und dem der Sinn für Naturschönheiten gewiß nie gefehlt hat, versichert selbst, er habe in keiner Gegend Deutschlands so viel romantische, mahlerisch schöne Ansichten bei einander gefunden, als hier.

Ich begann mit meinen Gesellschaftern die Abreise von Mainz auf die gewöhnliche, wenig kostspielige Art mit einer verbungenen Jagd. Dies so genannte Rheinschiff ist mit Ruderern bemannet, und hat ein Verdeck, welches oben mit einer Gallerie umgeben ist. Man hält sich, nach Belieben, entweder unter dem Verdeck auf, wo man vor Unwetter vollkommen in Schutz ist, und durch die Fenster doch um sich sehen kann; oder man geht an einem so heitern Tage, wie der heutige war, oben auf die Gallerie, und ist ganz im Freien. Stromabwärts geht die Fahrt äußerst rasch, und man kann, wenn man will, die ganze Reise bis Koblenz in vierzehn Stunden vollendet haben. Wir fuhren indessen absichtlich nicht so ununterbrochen fort,

sondern

sondern hatten uns die Erlaubniß bevorwortet, und in die Fracht mit einbedungen, zur Aufsuchung der Sehenswürdigkeiten längst den beiden Ufern landen zu dürfen, so oft, und wo es uns belieben würde. Dies ist auch schlechterdings nöthig, wenn man nicht den Rhein hinab fliegen, und manches Merkwürdige ungesehen lassen will.

In den ersten Stunden schwimmt man zwischen den fruchtbaren Ufern des paradiesischen Rheingau's auf der breiten Fläche des eilfertigen Stromes dahin. Man ergötzt sich an den schattigten wohl angebauten Inseln, welche der sich theilende mächtige Rhein umschlingt, und an die grünen Wiesen und reichen Kornfelder seiner beiden Ufer. Dann erhebt sich diese Ebene allgemach immer mehr zu einem ungeheuren Amphitheater. Aus tiefer Ferne schimmert die herrliche Kultur dieser sanften Anhöhen in ihren mannigfaltigen Mischungen von Grün angenehm daher. Zur Linken blickt man in die königliche Landschaft beim Städtchen Ingelsheim, die schon vor einem Jahrtausend für Kayser Karln dem Großen so ungewöhnliche Reize hatte, daß er sich daselbst den überaus prächtigen Pallast erbauete, dessen Lage und Bruchstükke noch jetzt Achtung für Karls Geschmack einflößen. Zur Rechten blickt die erhabene, durch ihren Göttertrank so berühmte Probstei Johannisberg von ihrem Wonnehügel herab; und rund um uns her liegen nahe und fern blühende Städtchen, Dörfer und Landsitze wie hingeſäet.

Da wir uns **Bingen** näherten, erhöheten ſich die Ufer allmählich und eine zuſammenhängende Kette von fruchtbaren Bergen umgab uns zu beiden Seiten. Jetzt ſchwinden Wieſen und Kornfelder, und das Reich des epheubekränzten Weingottes beginnt. Die Bergabhänge des rechten Ufers ſind mit Reben geziert, und die Erbabſätze, deren einer immer höher iſt, als der andre, bilden bei **Rüdesheim** einen ſchönen Halbzirkel.

Dieſem Dorfe ſchräg gegen über liegt die kleine aber gutgebauete und nahrhafte Stadt **Bingen**, eine Besitzung des **mainziſchen** Domkapitels. Sie iſt neben dem rechten Ufer der **Nahe**, am Fuße des abgeſondert liegenden Rochusberges erbauet, deſſen Rücken eine überaus fruchtbare mit Feldern und Obſtbäumen beſetzte Fläche iſt, und auf deſſen Gipfel man die Trümmer des Schloſſes Klopp erblickt. Die Stadt zählt ungefähr viertauſend Menſchen und fünfhundert Häuſer. Von hier nach **Mainz** gehet, eben ſo, wie von **Frankfurth** dahin, alle Tage ein ſogenanntes Marktſchiff. Die Weinberge zu **Bingen** liegen auf der Seite nach **Simmern** zu, an den Ufern der Nahe.

Die Stadt **Bingen** iſt uralt, und der Aufmerkſamkeit des Reiſenden auch in dieſer Hinſicht wohl
werth.

werth. Schon dem Tacitus und dem Ammian war sie unter diesem Namen bekannt. Sie nennen sie in ihren Schriften Bingium. Die hiesige Brükke über die Nahe ist ursprüng'ich von dem römischen Generale Drusus erbauet, und nach ihrem Verfall von dem mainzischen Kurfürsten Willigris ganz von Steinen in sieben Schwibbögen schön wieder hergestellt worden. Das aus vier Röhren springende Wasser auf dem Marktplatze ist ursprünglich ebenfals zu Drusus Zeiten aus dem eine halbe Stunde vor der Stadt liegenden Dreys= oder Drususbrunnen, hierher geleitet worden. Dieser Brunnen liegt vor dem Mainzerthore, welches noch jetzt auch das Drususthor genannt wird.

Der Rhein bei Bingen ist in mehr als einer Hinsicht merkwürdig. Er fängt hier seinen zu beiden Seiten von hohen Gebirgsufern eingeengten Gang an, welche Schranken ihn nicht früher als bei Koblenz wieder verlassen. Mitten in seinen Fluthen steht unweit der Stadt auf einem unter der Wasserfläche verborgenen Felsen der eben so veste als verrufene Mausethurm, der schon seit vielen Jahrhunderten den gegen ihn tobenden Wellen des Rheinstroms Trotz bietet. Seine halbe Höhe hat er indessen bereits durch feindliche Bomben verlohren. Eigentlich heißt er Mauth=, das ist, Zoll=Thurm; denn seine ursprüngliche Bestimmung war unstreitig in

Verbindung mit der, ihm gegen über auf den rü‍desheimischen Weinberge in seinem Verfall liegenden Veste Ehrenfels, auf welcher noch jetzt die Zollgerechtigkeit haftet, die Schiffer zur Erlegung des Bingerheimzolles zu zwingen, der dem Domkapitel zu Mainz alljährlich dreißigtausend Gulden einbringt. Eine Summe, die jetzt zwar nicht außerordentlich ist, aber in den frühern Jahrhunderten sehr bedeutend sein mußte. Vielleicht fanden die Handelnden den hiesigen Zoll unverhältnißmäßig und gar zu drükkend, und gaben in dieser Rücksicht jenem Mauththurme, der sie zwang, den Zoll zu erlegen, mithin ihre Schiffe gleichsam bemausete, den Spottnahmen Mausethurm.

Bei dieser Rheinwarte ist unweit der Stadt, da, wo sich die Nahe in den Rhein ergießt, das sogenannte Bingerloch, dieser merkwürdige Rheinfall, der vormals der Schiffahrt so hinderlich und gefahrvoll war, und noch jetzt denen, welche zum erstenmale zwischen ihn hinfahren, ein unwillkührliches Schaudern entlockt. Eine quer über dem Bette des Stromes verborgen liegende Felsenkette bildet nämlich in dieser Gegend einen schwer wegzurdumenden Damm, welcher den mächtigen Rhein, wenn er nicht gar groß ist, hier gewaltsam anschwillt, so daß seine schäumende Fluthen mit einem fürchterlichen Geräusche über den Damm hinabstürzen, und sich über die scharfen Hervorra‍gungen

gungen des felsigten **Rheinbettes** in mehrern kleinen
Strubeln fortwälzen. Gegen das rechte Ufer zu ist in
diesem natürlichen Felsendamm nach und nach mit vieler Mühe eine für die Schiffarth nothwendige tiefe
Oeffnung gesprengt worden, durch welche jedes
Schiff, das nicht verunglükken will, gerade hindurch
muß. Diese funfzig Schritt breite Oeffnung in
dem hier weggerdumten Damme wird das **Bingerloch** genannt. So lange sie in den frühern
Jahrhunderten noch nicht tief und breit genug war,
und so lange hier und da noch scharfe felsigte Hervorra-
gungen im Flußbette zurückblieben, mußte sie vorzüglich bei kleinem Wasser, den Schiffern allerdings noch
sehr furchtbar sein; jetzt aber ist sie ohne Grund, und
bloß durch die Vergangenheit noch übel berüchtigt.
Zwar bleibt die Durchfahrt durch dies Loch immer sehr
grausenvoll; denn die, auch bei einer völligen Winds-
stille, sich thürmenden Wellen, mit welchen sich ein
großer Theil des Wassers brausend über jenen unsichtbaren Felsendamm hinabstürzt — der gewaltsame, alles
mit sich fortreißende Strom, der unaufhaltsam nach
dem **Bingerloche** hinschießt, und sich mit dem Schiffe
vogelschnell durch dasselbe hindurch drängt — die an
beiden Ufern hoch aufgethürmten steilen Gebirge und
Felsenmassen, die den Horizont verfinstern und gleichsam einen großen Trichter bilden, in welchen man mit
dem Schiffe eilfertig hineinjagt — und endlich das
zwar auf einer nichtigen bloßen Sage beruhende, aber
doch

doch scheinbar gegründete Vorgeben, als ob hier in der
Tiefe des Rheins ein unterirdischer Schlund sei, der
einen großen Theil des Wassers verschlinge, unter der
Erde fortführe, und bei St. Goar, wo ein ähnlicher
Rheinstrudel ist, wieder ausspeie — Das alles zu=
sammen muß freilich der Reisende mit keiner verweich=
lichten lebhaften Einbildungskraft betrachten, wenn ihn
beim Durchfliegen durch das Bingerloch die Haare
nicht zu Berge stehen sollen. Indessen ist die Gefahr,
welche unter gewissen Umständen damit verbunden sein
mag, in der That viel geringer als es scheint. Das
oberhalb trichterförmig zusammen strömende Wasser
zeigt den rechten Weg zum unsichtbaren Loche von selbst,
der Steuermann hat fast auf nichts seine Aufmerk=
samkeit zu richten, als daß er sein Schiff in einer
geradefort laufenden Richtung erhält. Bloß auf gros=
sen Floßhölzen und schwerbeladenen Schiffen wird bei
niedrigem Wasser zu dieser Durchfahrt ein vorzüglich
erfahrner — immer aber ein verständiger, nüchterner
Steuermann erfordert.

Ungeachtet die ununterbrochene Gebirgsketten,
zwischen welchen sich der Rhein, von Bingen an,
fortschlängelt, die Aussicht ungemein begränzten, und
dem Strome zuweilen zwar eine seeähnliche Breite
gestatten, ihn oft aber auch ganz zusammen engen:
so zerstreuet doch die Fahrt zwischen ihnen hin, im=
merfort höchst angenehm, und ist nichts weniger als
ein=

einförmig. Oft schien es mir, als ob die steilen Felsen an beiden Ufern in der Urzeit je einmal eine zusammenhangende Masse gewesen wären, die in irgend einer gewaltsamen Revolution des Erdballs von einander gerissen wurden, und dem jetzigen Strome seinen gemessenen Gang anwiesen.

Allenthalben, wo zwischen dem Rheine und seinem hohen Ufer eine schmale bewohnbare Fläche ist, da reihen sich aneinander lachende Uferdörfer und Städte voll blühenden Wohlstands, oder Rittersitze und Raubschlösser in prächtigen Ruinen. Hier und da hangen Wartethürme, auf den Gipfeln der Berge und auf hervorspringenden Felsklippen erbauet, drohend über den Strom, dessen Ufer sie bekrönen, und in dessen Spiegelfläche sie sich mahlerisch verdoppeln.

Es war an einem Sonntage, da ich zwischen diese romantische Trümmer der Vorzeit sanft hinunter schwamm. Die zahlreiche Glocken der Uferstädte und Dörfer ertönten von allen Sei , und das Gebirge gab ihren melodischen Schall über der stillen Wasserfläche im vielfachen Echo auf eine unglaublich feierliche Art zurück. Zwischen durch hörten wir die geistlichen Gesänge der andächtig Reisenden, welche in mehrern vor uns vorbei eilenden Böthen und Schiffen in Gesellschaften von vierzig und mehrern Personen nach einem Wallfahrtsorte ihre heilige Lustpartie machten. Dies alles, und besonders die feierlichen

Melo-

Melodien der Andächtigen, die hier auf dem Waſſer ſchwimmend auf eine ſo ungewöhnliche Art ihren Gottesdienſt halten, war mir ſo ganz neu, und ſo unbeſchreiblich feierlich, daß ich, ohne zu wiſſen, wie, bis zu ſtillen Freudenthränen gerührt ward. Meinen Begleitern ging es nicht anders, niemand ſprach ein Wort; ſelbſt die Ruderer legten ihre Petſchhölzer nieder; alles in unwillkührlicher Stille horchte auf die feierlichen andächtigen Töne aus der Nähe und Ferne. Das Ganze bewirkte in meiner Seele jene ſelige Stimmung, bei der ich aller empörenden Scenen dieſes Krieges eine Zeitlang ſo ganz vergaß, und die mich auch in der Rückerinnerung daran noch lange beglücken wird.

Unſtreitig eine der reizevollſten Anſichten gewährt hier der Rhein oberhalb Bacharach da, wo man dieſes Städtchen im Hintergrunde hat. Die freundlichen Dörfer Lorrich, Lorcherhauſen, Heimbach und Diebach ſchlängeln ſich mit ihren vormaligen Beveſtigungen und thurmreichen Mauern längſt den Ufern zierlich dahin. Ueber ihnen prangen in verſchiedenen Abſtuffungen die grünen Weinanpflanzungen ſelbſt an den abhängigſten Bergen, und hier und da, wo ſie zu ſteil ſind, ſchimmert der nackte Felſen durch. Von den Gipfeln der Felskoloſſe blicken grauſenerregend die Reſte der Ritterzeiten herab. Den Strom entlang ſchwimmt von Zeit zu Zeit eine angenehme

genehme grüne Insel; Eine Menge auf und abfahrender Schiffe, Jagden und Kähne in eilfertiger Thätigkeit, verkleinern sich im Hintergrunde der blauen Wasserfläche bis zu bloßen kaum sichtbaren Punkten. Unterhalb dem Rheine, der hier einer Meeresfläche gleicht, blickt aus tiefer Ferne das amphitheatralisch erbauete lichte Städtchen Bacharach mit seinen thurmreichen Mauern und Ruinen daher. Allenthalben aber sieht man sich eingeschlossen von Gebirgen, und man glaubt in der Tiefe eines langen, mit Wasser überschwemmten Thales zu sein, aus welchem die hohen Ufer rund umher dem Schiffe nirgend einen Ausgang gestatten.

Bei dem kurpfälzischen Städtchen Bacharach wird ein vortrefflicher Muskatellerwein gewonnen. Schon dem Aeneas Sylvius — Pabst Pius dem Zweiten — behagte er so wohl, daß er sich alljährlich ein Fäßchen davon nach Rom kommen ließ. Die hiesigen Berge, welche dies beliebte Erzeugniß hervorbringen, haben einen Boden, dem viel Theile vom Schiefersteine eingemischt sind, und enthalten Steinkohlen. Ersterer verstärkt, zu Gunsten des hiesigen Weinbaues, die kochenden Sonnenstralen, und beides zusammen soll der Traube vorzüglich den angenehmen Geruch und den Wohlgeschmack geben.

Dieser

Dieser hier wachsende edle Wein — der indessen jetzt zu seinem Nachtheil etwas ausgeartet sein soll — veranlaßte die in den ersten christlichen Jahrhunderten hier hausenden Römer, ihrem Weingotte hier einen Altar zu errichten. Dieser Bacchusaltar — Bachi ara — dem, wie man allgemein behauptet, Bacharach den Namen verdankt, ist noch diese Stunde vorhanden und jedem Rheinschiffer unter diesem Namen bekannt. Er besteht aus einem großen viereckigten Felsenstükke, das eine wagerechte Oberfläche hat, und unweit der Stadt mitten im Rheine, zwischen seinem rechten Ufer und der Heilesinsel, liegt. Er ist aber gewöhnlich vom Strome überschwemmt, und nur dann, wenn der Rhein außerordentlich klein ist, ragt er über dessen Oberfläche hervor. In diesem Jahrhunderte war dies erst dreimal der Fall, nämlich in den Jahren 1719. 1750. und 1783. Auf dem Steine sollen verschiedene Buchstaben eingehauen sein. Mit eigenen Augen hab' ich mich indessen weder von ihrem Dasein überhaupt, noch davon überzeugen können, daß der Inhalt dieser nicht mehr völlig leserlichen Inschriften auf die ehemaligen römischen Opferverrichtungen Bezug habe; denn das Wasser ist heuer viel zu groß. Die hiesigen Einwohner sehen den Altar sehr gern zum Vorschein kommen, denn die Erfahrung hat gelehret, daß dann jedesmal ein vorzüglich gutes Weinjahr ist. Vielleicht liegt eben hierin die Ursache, warum die Römer gerade rabe diesen oft unter der Rheinfläche verborgenen Felsen zum Opferplatze für ihren Bacchus erwählten.

Vor der Mitte des vierzehnten Jahrhunderts war Bacharach noch ohne Stadtgerechtigkeiten, ein blosses Dorf, welches die zu der oberhalb der Stadt gelegenen vesten Burg Staleck gehörigen Burgknechte mit ihren und einigen andern Familien bewohnten. Alter und Ursprung dieser jetzt zerstöhrten kleinen Bergveste sind ungewiß. Einige schreiben sie den in diesen Gegenden des Hunsrücks hausenden Hunnen zu; Andre vermuthen mit mehr Wahrscheinlichkeit, daß sie schon vorher eine römische Bevestigung war, weil einer ihrer Thürme, dessen Mauern vierzehn Fuß dick sind, mehr der römischen als der hunnenschen Bauart angemessen ist. Die mit sechszehn Thürmen verzierte und bevestigte Ringmauer der Stadt schließt sich an die auf dem Berggipfel gelegene Burg Staleck an, und letztere beschützte Bacharach und beherrschte den Rhein. Der Weg zu ihr hinauf war auf beiden Seiten durch Wälle, Mauern und Gräben gedeckt, und der Eingang selbst war hintereinander durch drei Pforten unter hohen Thürmen verschlossen. Das alles war indessen nicht stark genug, um dem französischen Pulver im Jahre der allgemeinen Verwüstung der Pfalz 1689 Widerstand zu leisten und dem Untergange zu entgehen. Stadt und Veste wurden in dem damaligen orleanischen Erbfolgekrieg ein elender Schutthausen, und die Einwohner sahen sich in einer größern Verzweiflung, als selbst im dreißigjährigen Kriege, wo sie zwischen den Jahren 1620 und 1640 achtmal erobert und viermal geplündert wurden. Da Bacharach zwischen dem Rheine und einem steilen Gebirge liegt, so konnte weder ihr Umfang noch ihre Gemarkung beträchtlich sein; sie faßt höchstens zwei hundert und funfzig Familien, welche die Morgenzahl ihrer Wingerte durch Ausrottung der benachbarten Bergwaldung in etwas vermehret haben. Hier bei Bacharach wird der stärkste pfälzische Rheinzoll erhoben.

Der jetzige Kurfürst Karl Theodor hat im Jahre 1754 mit großen Kosten von Bacharach aus durch einen Theil des Stengerthals, und dann den Berg hinauf, eine Kunststraße über Simmern, quer über den Hunsrück bis an die Mosel nach Bernkastel, anlegen lassen. Zum Andenken an dies gemeinnützige Werk ist ihm darneben eine Wegsäule mit folgender Inschrift errichtet worden.

```
CAROLVS . THEODORVS .
    ELECT . PALAT .
  VIAM . HANC . REGIAM .
AB . AEVO . INACCESSIBILEM .
     VTILIT . PVBL .
FIERI . CVRAVIT . AN . REG . XI .
```

Da

Da schon die Römer eine jetzt freilich wieder ganz verfallene Heerstraße, wovon man noch Spuren findet, quer über den Hunsrück angelegt hatten: so müssen wohl die Worte jener Steinschrift, ab aevo inaccessibilem, bloß von dem Wege auf den ersten Berg hinauf zu verstehen sein, wenn anders sie nicht einer Pralerei ähnlich sehen sollen. Auch selbst die Herstellung einer durchaus verfallenen Römerstraße, die nicht einmal allenthalben benützt werden konnte, bleibt immer ein viel zu verdienstliches, menschenfreundliches Werk, als daß man dessen Schöpfer schmeichelnd durch eine ihm untergeschobene Pralerei kompromittiren sollte.

Ich befand mich auf der Jagd, mit welcher ich nach Koblenz reisete, unter andern auch in der Gesellschaft eines geschickten Landschaftszeichners, der jede vorzüglich malerische Gegend, welche ihm auf seinen Reisen durch Frankreich, England und Deutschland aufgestoßen war, auf der Stelle in seine Landschaftensammlung, die er bei sich führte, eingetragen hatte. Sein Bleistift und seine Augen waren hier in einer fast ununterbrochenen Thätigkeit. Kaum war er mit Eintragung einer Ansicht in sein Buch fertig geworden, so eröffnete sich unsern genießenden Blicken schon wieder eine andre, wo möglich, noch schönre Gegend. Die bezauberndste von allen ist vielleicht die gegen Oberwesel. Sie allein ist einer Wasserfahrt nach Koblenz werth. Auch hier gleicht das Ganze wieder

wieder einem länglicht runden See, den thurmhohe Felsen umkränzen, und aus dessen excentrischen Mittelpunkte das siebenthürmige Feenschloß — Pfalzgrafenstein, gemeiniglich die Pfalz genannt — auf eine höchst romantische Art mitten aus der breiten Rheinfläche hervorragt, und in seinem blendenden Weiß freundlich daherblickt Dieses schöne, veste Schloß ist in Gestalt eines regelmäßig länglichten Sechsecks in der Mitte des Stromes auf einem unerschütterlichen Felsengrunde von lauter Quadersteinen so dauerhaft erbauet, daß es der Gewalt des immer reißenden Stromes nicht nur, sondern auch selbst im Winter dem heftigsten Eisgange Trotz bietet.

Da man, wenn der Rhein nicht sehr klein ist, von dem Felsengrunde nichts sieht, worauf dies Schloß erbauet ist, so scheint dasselbe im eigentlichsten Sinne, vielleicht auf das Geheiß irgend eines Zauberstabes, aus dem Flusse hervorgewachsen zu sein, dessen heftige Fluthen sich oberhalb schäumend an ihm brechen, und ihm dann zu beiden Seiten gleich sehr umströmen, und dessen Spiegelfläche unterwärts das Bild des schönen Zauberschlosses dem Auge des Vorüberfahrenden verkehrt zurück wirft. Dieser höchst ungewöhnliche Standpunkt eines Gebäudes, das, bei seiner durchaus eigenthümlichen Gestalt und Bauart, statt der Fenstern von Außen nur Schießscharten zeigt, — seine sechs Thürmchen an den sechs Ecken, aus deren
Mitte

Mitte ein ſiebenter, wie das Oberhaupt, prächtig hervorragt — ferner ſeine blendend weiße Farbe, die gegen das ſchwarze Schieferdach der Thürme, und gegen die umliegende, aus Weinbergen, Waldungen und ſchieferartige Felſen zuſammengeſetzte Gebirgslandſchaft, ſchön und auffallend abſticht — und endlich die daran gränzenden Uferſtädtchen Kaub und Oberweſel, welche in Verbindung mit den nachbarlichen Dörfern, und den hocherhabenen zerſtöhrten und unzerſtöhrten Burgſchlöſſern, den ſchiffreichen Rhein noch lebhafter machen: — das alles zuſammen macht die wunderſchöne Anſicht hier einzig in ihrer Art.

Es fehlt gänzlich an glaubwürdigen Nachrichten von dem Urſprunge dieſer dem pfälziſchen Städtchen Kaub gegenüber liegenden Veſte Pfalz, und der eigentlichen Zeit ihrer Erbauung. Wahrſcheinlich war hier anfangs nur eine Warte, welche nachmals in dieſe Veſte verwandelt wurde, deren zwölf kleine Stükke und Invalidenbeſatzung dem hieſigen Rheinzolle zum Schutze diente. Dieſe vier und zwanzig Mann Beſatzungstruppen pflegen durch das Anziehn einer Glokke die vorbeifahrenden Schiffer an die Berichtigung des Zolles zu erinnern, und ſtehen unter dem Kommandanten der benachbarten uralten Bergveſtung Gutenfels. Trinkwaſſer erhält die Beſatzung des Schloſſes Pfalz aus deſſen merkwürdigen

H 3 Brun

Brunnen, welcher mitten im Rhein durch die dicke Felsenmasse gehauen ist, worauf das Schloß steht. Das sehr gute Wasser dieses Brunnen steht mit dem Rheinwasser in keiner Verbindung, sondern quillt aus einer Quelle herauf, welche tief unter dem Rheine aufgesucht ist. Wer in dies sonderbare Schloß ohne sichtbare Thüre und Fenstern hineinwill, muß mit einem Fahrzeuge zu Wasser nach einer gewissen Gegend dicht an dasselbe hinanfahren, wo dann über ihm die Besatzung eine Fallthüre eröffnet, und Anstalten zum Hinaufbefördern trift.

Was man von einem alten Gesetze vorgiebt, nach welchem die Pfalzgräfinnen ihre Leibesfrucht jedesmal in dieser Wasserveste hätten gebähren müssen, verdient keinen Glauben. Das Gemach, worin sie ihre Wochen gehalten haben sollen, ist kaum acht rheinländische Fuß lang und halb so breit. Wahrscheinlich entstand diese Sage daher, weil der einzige Pfalzgraf Hermann von Staleck darin das Licht der Welt erblickte.

Die vorhin erwähnte pfälzische Bergvestung Gutenfels, welche dies Rheinschloß kommandirt, liegt im Gebiete des benachbarten Städtchens Kaub, und war schon im dreizehnten Jahrhundert in großem Ansehen. Auf der Landseite ist sie durch das steile Gebirge, und an der Wasserseite durch den Rhein so stark bevestigt, daß Landgraf Wilhelm von Hessen sie

im

im Jahre 1504 ganzer vierzig Tage lang vergebens belagerte, ungeachtet er sowohl in die Vestung selbst als auch nach Kaub eine Menge große und kleine steinerne Kugeln warf, wovon daselbst noch einige, zum Andenken an diese harte Belagerung, aufbewahret werden. Auch ist zum Gedächtniß derselben in das Zollhaus zu Kaub eine steinerne Tafel mit eingegrabenen alten Versen eingemauert, deren Anfang und Schluß also lauten:

„Die Jahr von Christi Geburt man zählt
Funfzehnhundert und viere alt,
Von Sonntag nach Maria Himmelfahrt
Ward Caub sechstehalb Wochen belägert hart
Mit ganzer Macht und Heereskraft
Durch Hessen, die Landgrafschaft." — —

„Von Pfalzgrav Ludwig worden bevest,
Und dannoch mußten die fremde Gäst
Cub bei der Pfalz lassen bliben
Das wir Gottes Gnaden zuschriben,
Und auch der wehrhaft Hand:
Dies behält all Vaterland."

Im dreißigjährigen Kriege wurde auch dieser Veste und Stadt übel mitgespielt. Aber im orleanischen Erbfolgekrieg hatte sie, ich weiß nicht, warum, das Glück, nicht gesprengt, sondern von der allgemeinen Mordbrennerei der Franzosen ausgenommen zu werden. Jetzt hat sie mit ihren Außenwerkern — bestehend in drei starken Thürmen — eine sehr ruinen-

ruinenartige Außenseite, und doch soll sie mit dem erforderlichen Geschütze versehen und mit einige und hundert invaliden Pfälzern besetzt sein, die den Neufranken den Uebergang über den Rhein hier schon erschweren sollen!!

Ungeachtet die felsigten Ufer des Rheins hier fast überall steil sind, so hat sie doch der unermüdete Fleiß der Einwohner da, wo es thunlich war, urbar gemacht, und mit Reben bepflanzt. Wo auch nur eine Felsenspitze im sonnigten Plätzchen hervorragte, da ward sie zum Anbau des edlen Rebensafts benützt. Fleißige Hände sprengten und ebneten sich einen Weg zu ihr hinauf. War sie zu nackt, um einem Weinstocke Haltung und Nahrung zu geben, so trug man mit vieler Unverdrossenheit die erforderliche Erde dahin, um gleichsam die Blöße der Natur zuzudecken, deren Milde und Dankbarkeit sie nicht vergeblich auf die Probe stellten. Es ist außerordentlich, wie sehr die ohnehin schon so mannigfaltigen Reize der schönen Natur auch durch dergleichen sichtbare Kultur des Bodens hier und da vermehret worden ist.

Wir landeten in der Vorstadt des am rechten Ufer des Rheins gelegenen Städtchens Kaub, das sich in das Thal hinabziehet, und hatten uns fast zu lange daselbst verweilet. Es war schon im Zwischenlichte eines der schönsten Sommerabende, da wir vor den prächtigen Trümmern des Schlosses Gutenfels
vorbei,

vorbei, und zwischen den andern Ueberbleibseln aus jenen unglücklichen Fehdezeiten hinfuhren, wo das Recht des Stärkern das Rauben zum privilegirten Handwerke gemacht hatte, und wo man, wie leider bis auf diesen Tag noch zu geschehen pflegt, nur die kleinen Diebe zwischen Himmel und Erde schweben ließ. Die Sonne hatte ihre Stralen dem Rheinthale vor dem hohen Gebirge schon längst nicht mehr mittheilen können, und ein schauerliches Halbdunkel umhüllte schon jeden Gegenstand unsres Gesichtskreises. Furchtbar hingen Klippenhervorragungen mächtiger Felsen über das Bette des Flusses hin; und noch furchtbarer droheten halbzertrümmerte Burgthürme und Burgmauern hier und da auf uns herab zu stürzen. Die Phantasie, der man immer so gerne und oft so unweise den Zügel schießen läßt, schwärmte sich lebhaft in die Zeiten eines Götz von Berlichingen und eines in der hiesigen Gegend hausenden Fust von Stromberg zurück. Ich erblickte dessen Knappen auf des Schlosses Trümmern, und hörte ihren Zuruf, als ob er aus den Gebirgsklüften hervor ginge. Und doch war es nur ein muthwilliges Echo, das jedes unserer Worte an den Klippen und Felsenwänden spuckhaft nachplauderte. Die Phantasie, im gegenwärtigen Kriege täglich mit Schreckbildern aller Art bereichert, wollte mich durchaus in die Tage des Jammers, in die Zeiten des dreißigjährigen Krieges zurückwerfen. Mir schien es dann, als ob uns armen dernen Deutschen durch den Gang der Dinge, wie wir ihn seit einigen Jahren wahrnehmen, Zeiten vorbereitet würden, die jenen dreißig Jahren des allgemeinen Schreckens, in mancher Hinsicht nicht ganz unähnlich sein dürfte. Ich erinnerte mich an die unglücklichen deutschen Einwohner aus dem Landesstrich zwischen dem Rhein und der Saar, welche, den Bettelstab in der Hand, flüchteten, als die Geißel dieses Krieges sie schaarenweis nach dem innern Deutschland, über den Rhein hinüber peitschte. Mir fielen dabei die Völkerwanderungen der Vorzeit, und das gegenseitige Drängen vertriebener Deutschen, mit allen damit verbundenen Schrecken ein. Aber gottlob! das war nur ein Traum im Wachen geträumt! —

So eben läuft hier in der kurtrierschen Stadt Oberwesel, wo ich diesen Brief schließe, und übernachten werde, die Hiobspost ein, daß die kayserlichen Truppen Trier gerdumt haben, und die Franzosen bereits daselbst eingerückt sind. Ich will hoffen, daß die Herren Oestreicher ihren Rückzug in bester Ordnung fein langsam auf Koblenz machen werden, damit mir der Feind nicht zuvor kommen, und das schöne Koblenz nicht früher besetzen möge, als ich es gesehen, und mir seine Merkwürdigkeiten aufgesucht habe.

Sechs

Sechszehnter Brief.

Inhalt.

Abfahrt von Oberwesel — Die Rheinschiffahrt stroman — Strudel bei St. Goar — Vestung Rheinfels — Stadt Boppart — Veste Marksburg — Römischer Pfalgraben — Königsstuhl bei Rhens — Ende der Fahrt zwischen Gebirgsketten — Ansicht der Karthausgegend — Koblenz — Alterthümer bei Andernach und zu Bonn — Emserbad — Emigranteninsolenz — Ehrenbreitstein — Vogel Greif — Ansicht der Landschaft um Koblenz —

Koblenz, im August 1794.

Die kurtrierischen Unterthanen hier zu Koblenz sind in der höchsten Bestürzung über die Besitznahme ihrer Hauptstadt Trier durch die Neufranken; und voller Besorgnisse, daß die ungebetenen Gäste ihren lästigen Besuch in wenig Wochen auch ihnen bald abstatten dürften. Ich sehe dem ängstlichen Menschengewühle beobachtend zu; aber es ist auch keine Kunst, ruhig unter dem unruhigen Getümmel solcher Unglücklichen umher zu wandeln, die ent-

weder

weder schon hierher vor dem Feinde geflüchtet sind, oder noch von hieraus, und weiter flüchten wollen, ohne zu wissen, wie sie das Ihrige mit in Sicherheit bringen sollen. Wer, so wie ich, mit Asmus sagen kann: omnia mea mecum porto, der kann den Gang der Dinge schon kaltblütiger wahrnehmen, und ganz sorgenlos bis dahin zu Koblenz bleiben, wo sich der Feind im Gesichtskreise der Vestung Ehrenbreitstein wittern läßt.

So ergreife ich nun ruhig die Feder, um Ihnen, theuerster Freund, von meiner fernern Wasserfahrt hierher Rechenschaft abzulegen. Ich fange da wieder an, wo ich in meinem letzten Briefe aufhörte: bei Oberwesel.

Ich verließ diesen Ort mit meinen Reisegefährten auf unserer Jagd an einem höchstangenehmen Sommermorgen. Er versprach uns abermals einen so heitern Tag, als wir gerade haben mußten, um die Annehmlichkeiten und Freuden unserer Rheinfahrt hierher vollzählig zu genießen. Nach unserer Meinung begannen wir unser heutiges Tagewerk sehr früh; und doch fanden wir den ganzen Rhein schon lebhaft von Schiffen, die uns großentheils entgegen kamen. Dies geschäftige Getümmel ließ uns unruhige Zeiten im Trierschen und längst dem Rheine bei Koblenz vermuthen; zumal da uns allerlei leidige Gerüchte zu Ohren kommen, welche den nahen Uebergang der k. k. Armee

Armee über den Rhein, unterhalb Koblenz, als
unfehlbar zu verbürgen scheinen. Die uns begegnen-
den Schiffe waren theils mit der geflüchteten Habe der
auswandernden Trierer belastet; theils transportir-
ten sie nach Mainz hinauf die Zufuhr zur preußischen Armee, die — der Himmel weiß, wie lange
noch? —Ihre Zufuhr aus Holland auf diesem Wege
noch leichte genug erhält. Sollte der Feind je einmal
Meister des linken Rheinufers bei Düsseldorf,
Köln und Koblenz werden — und in diesem Kriege
ohne seines Gleichen kann man schlechterdings für
nichts stehen — so wäre dann die Rheinfahrt gehemmt, mithin dürften unsre zahlreiche Armeen bei
Mainz in wenig Monaten vom Hungerstode bedrohet werden. Das klingt zwar ein wenig gar zu besorgt:
aber wir wollen die Zeit entscheiden lassen, ob Besorgnisse dieser Art so grundlos sind, als sie es zu sein
scheinen mögen. Niemand, als wer dabei war, glaubt,
welche fast unüberwindliche Schwierigkeiten es hat,
eine so zahlreiche Armee in einer solchen Entfernung
zur Achse mit allen den Nothwendigkeiten zu versehen,
deren sie nur zu einem einzigen nachdruckvollen Feldzuge bedarf. Wenden Sie mir nicht ein: überwindet
doch der Feind in dem nämlichen Kriege unter noch
viel ungünstigern Umständen und bei einem fast gänzlichen Mangel an Pferden zum Transport der Lebens-
mittel, noch weit größere Schwierigkeiten. Der Feind
hat den kaum zu berechnenden Vortheil, den Krieg

ins

ins deutsche Reich hineingespielt zu haben, und nimmt Befriedigung seiner Bedürfnisse, wo er sie findet.

Die Schiffe, welche den Rhein aufwärts gehen, werden des heftigen Stromes wegen, sämtlich gezogen, gesetzt auch, sie gingen ledig hinauf. Die Pferde, welche dieses Geschäft zu übernehmen pflegen, stehen längst dem Rheine stationsweise dazu in Bereitschaft. In dieser Absicht ist zwischen dem hohen und steilen Felsenufer und dem Strome selbst — entweder auf der einen oder der andern Seite, selten aber an beiden Ufern zugleich — eine schmale Uferstraße über den unebnen felsigten Boden für die ziehende Pferde gesprengt und geebnet worden. Die Pferde werden eins hinter das andre gespannt und zwei bis sechs Stück sind hinreichend, ein einzelnes Schiff zu transportiren. So oft einem solchen Schiffe ein anderes begegnet, welches mit dem Strome fährt, so muß jenes das an den Mastbaum bevestigte Seil, woran die Pferde ziehen, unter das Wasser herab sinken, und das letztere darüber wegrudern lassen.

Zwischen den hessenkasselschen Städten Goarshausen und St. Goar, welche letzte hier Sankt Lewähr ausgesprochen wird, ist der merkwürdige Rheinstrudel, dessen ich bei Beschreibung des Bingerlochs schon erwähnt habe. Der große Volkshaufe glaubt zum Theil noch, daß hier das Rheinwasser wieder

wieder zum Vorschein komme, welches von dem vorgeblich unterirdischen Schlunde bei **Bingen** verschlungen werde, dann mehrere Meilen lang auf einem unterirdischen Wege fortströme, bis es sich endlich hier mit dem **obern Rheine** wieder vereinige. Aber noch nie hat man bemerkt, daß irgend ein Holz im Strudel zu **Bingen** verschlungen und ganz unsichtbar worden, hier bei St. Goar aber wieder ausgeworfen und zum Vorschein gekommen wäre.

Gewöhnlich nennt man den hiesigen Strudel die **Bank**, oder das **Werb bei St. Goar**; man würde ihn aber eben so, wie das erwähnte **Bingerloch**, viel bestimmter einen **Rheinfall** nennen; denn das ist er im Grunde, und daher entstehen seine Strudel. Das Wasser stürzt hier nämlich über ein sehr unebenes felsigtes Flußbette auf eine Länge von zweihundert Schritte, gegen fünf Schuh hoch mit einem entsetzlichen Ungestühm in die Tiefe hinunter, und bildet auf diese Art mehrere kleine Strudel. Eine mitten im **Rheine** liegende Insel, die hier den Strom in zwei Aerme theilt, welche in der Gegend jener Strudel sich wieder vereinigen, vermehrt noch um vieles diese Wasserwirbel, und das Toben der Wellen. Denn da der **südliche Arm**, sowohl vermöge der Direktionslinie des heftigen Stromes, als auch mittelst der wenigen großen Rauheit und eigenthümlichen Beschaffenheit des Flußbettes, weit mehr Kraft erhält, als der **nördliche**,

dessen

deſſen Bette außerordentlich rauhe Felſenhervorragungen zu haben ſcheint: ſo wird das Waſſer des letzten dadurch in ſeinem Laufe um vieles aufgehalten, und ſo lange gehemmt, bis es durch den beſtändigen Zulauf doch endlich wieder ſo viel Kraft erlangt, den ſüdlichen Arm gleichſam wieder zu überwinden, und in ihn einzubringen. So wirkt dann eine Kraft gewaltſam in die andre ein, und bildet im gegenſeitigen Kampfe verſchiedene Wirbel.

Daß dies wirklich die Natur dieſes ohne Noth verſchrieenen Strudels ſein müſſe, und daß er nichts weniger als von einem unterirdiſchen Schlunde des Rheins herrühre: beſtätigt unter andern folgende Erfahrung auf eine Art, die keinen Zweifel übrig läßt. Iſt der Rhein ſehr angeſchwollen: ſo bemerkt man wenig oder gar nichts von jenen Wirbeln, und nur dann ſind ſie da, wenn das Waſſer klein iſt. Auch pflegen ſie nach Maaßgabe der Höhe des Stroms nicht nur ihr Daſein überhaupt, ſondern auch ihren Ort zu verändern. Die Wuth und das Toben der Strudel ſteigt nämlich im umgekehrten Verhältniſſe, auf einen deſto höhern Grad, je niedriger das Waſſer iſt, welches ſich bei dem hieſigen ſtarken Gefälle des Rheins über deſſen rauhes Bette fortwälzt; und hört ganz auf, ſo bald der Fluß ſo angeſchwollen iſt, daß das Waſſer über jene Rheininſel fortſchießt, und ſo das gegenſeitige gewaltſame Einwirken der beiden Rheinarme aufhebt.

So heftig das Wasser bei unserer Ueberfahrt über die Strudel, ungeachtet der gänzlichen Windstille auch tobte, so ist doch, wenn man bei dem Steuermann die gehörige Aufmerksamkeit voraussetzen darf, keine Gefahr dabei. Unser Schiffer gab sich nicht einmal die Mühe, dem Hauptstrudel auszuweichen, sondern ließ seine Jagd mit der Schnelligkeit eines Pfeils mitten über das in einer Schneckenlinie sich bewegende Wasser hinweg schießen. So sehr auch das Brausen der schäumenden Fluthen der Sache den Schein eines großen Wagestücks gab: so war doch in der That weiter nichts nöthig, als daß die Ruderknechte in diesen Wirbeln ihre Kräfte eine Zeitlang verdoppelten, und der Steuerman mit Geistesgegenwart der Gewalt der Fluthen da, wo es nöthig war, entgegen wirkte.

Ueber St. Goar liegt auf einem steilen Felsen die hessenkasselsche Bergvestung Rheinfels. Sie ist an und für sich zwar nur klein, aber sehr vest und hat gute Außenwerker. Wegen des hiesigen Passes ist sie auch wichtiger, als es scheint. Ihr Erbauer, Graf Diether der Erste zu Katzenellenbogen, ließ im Jahre 1245 die vorher hier gestandene uralte Burg der Mattiaken wieder herstellen und stärker bevestigen. Im dreizehnten Jahrhundert mußte sie eine schwere Belagerung ausstehen, jedoch ohne ihre Jungferschaft darin zu verlieren. Aber noch weit fürchterlicher

licher war der Generalsturm, den das französische Kriegsheer im Jahre 1692 auf sie machte, ohne seinen Zweck zu erreichen.

Die Rheinfahrt ist auch in diesen Gegenden wieder sehr angenehm, aber doppelt so schön ist sie es besonders da, wo wir uns den kurtrierschen Städten Welmich und Boppart näherten. Letztere ist eine Amtsstadt, und uralt; vormals hieß sie Botobriga. In ihrem Gebiete wird Silber gefunden, und bei Oberwesel ist ein triersches Kupferbergwerk. Das Schloß Boppart über der Stadt dieses Namens, halten einige für eins von den funfzig Kastelen, welche Drusus Germanikus längst dem Rheine zur Bezwingung der Deutschen anlegte. Die Stadt ist auf eine ganz ungewöhnliche Weise mit viereckigten und runden Werkern längst der sehr dikken Stadtmauer bevestigt. Auch findet man ganz wider die Gewohnheit des Mittelalters keine Thürme umher, wohl aber die Anlagen dazu, deren keine indessen höher ist, als die Ringmauer.

Auch erwähnen mehrere Schriftsteller eines hier gewesenen Königshofes oder königlichen Pallasts, dessen Trümmer zum Theil noch gezeigt werden. Hiervon mag der hier in den Rhein fließende Bach seinen Namen Königsbach erhalten haben.

Zwischen Boppart und dem hessenschen am linken Rheinufer gelegenen Städtchen Braubach

macht

macht der Rhein plötzlich einige starke Krümmungen. Ueber Braubach ragt die hessendarmstädtische Bergveste Marxstein oder Marksburg hervor. Als Landgraf Johann der Streitbare ihre Außenwerke vermehren ließ, fanden sich in der Erde außerordentlich viele Bogen, Pfeile und Spieße; woraus zu erhellen scheint, daß diese Veste einst harte Belagerungen ausgestanden hat.

Hier ist es, wo der bekannte römische Pfalgraben, oder Polgraben, wie man hier spricht — seinen Anfang nahm, der sich durch die Gegend bei Homburg vor der Höhe und Butzbach in die Grafschaft Hohenlohe hineinzog, wo er mit der sogenannten Teufelsmauer zusammenhing, und zur Vertheidigung des Rheingaues und des übrigen von den Römern in Besitz genommenen Landstrichs oberhalb Frankfurth am Main, gegen die tapfern Katten aufgeworfen war. Hier im Walde bei Braubach, so wie an vielen andern Orten, findet man noch die unverkennbarsten Spuren dieses in bestimmten Entfernungen mit Thürmen bevestigten Pfalgrabens der Römer. Seinen Namen hat er von den Pfälen, womit er verpallisadirt war.

Ein Stündchen unterhalb Braubach, bei dem kurmainzischen Städtchen und Schlosse Lahnstein, nimmt der Rhein die Lahn auf. Diesem Zusammenflusse gegen über, steht am linken Ufer des Rheins

Rheins bei der kurkölnischen Stadt Rhens unter freiem Himmel ein sehr sehenswerthes und wohlerhaltenes Alterthum, welches unter dem Namen Königsstuhl, — Thronus imperialis — bekannt ist. Dieses ganz von Quadersteinen aufgeführte achteckigte alte Gewölbe hat sieben Schwiebbögen im Zirkel, die auf neun Pfeilern ruhen, wovon der neunte in der Mitte steht. Seine Höhe beträgt etwa sechszehn und der Durchmesser sechs und zwanzig Fuß. Eine Treppe führt auf seine Oberfläche, die ohne Obdach, und mit steinernen Banken eingefaßt ist. Eine lachende Ufergegend umgiebt diesen Königsstuhl, und um ihn her sind eine Menge Fruchtbäume gepflanzt.

So viel ich weiß, ist dieser von allen, welche einst in verschiedenen Gegenden Deutschlands erbaut waren, der einzige, der sich bis auf unsre Seiten so vollkommen erhalten hat. Sie dienten bekanntermaßen den Kur- und Fürsten des deutschen Reichs zum Versammlungs- und Wahlplatze, wenn sie sich über wichtige Reichsangelegenheiten zu besprechen, oder gar ein neues Oberhaupt zu wählen hatten. So viel man weiß, hat die Versammlung der Kurfürsten auf diesem Königsstuhle zum letztenmal im Jahr 1486, bei der Wahl Kaiser Maximilians des Ersten, statt gefunden. Das Alter dieses Gebäudes und der Gewohnheit, sich in jenen Angelegen-

heiten

hielten zu versammeln, ist nicht genau zu bestimmen. Die erste Nachricht von diesem Stuhle hier bei Rhens findet sich in der Wahlgeschichte König Heinrichs des Siebenden, Grafen zu Lützelburg, wo die hiesige Wahlversammlung schon eine uralte Gewohnheit genannt wird.

Die Ursache, warum man gerade diese Gegend zur Wahlstädte aussersah, scheint darin zu liegen, weil die vier rheinischen Kurfürsten hier ihre Städte und Schlösser so ganz in der Nähe hatten, daß ihnen der Trompetenschall des Reichsherolds die vollzogene Wahl augenblicklich verkündigen konnte. Kurmainz besitzt nämlich die dichte dabei über den Rhein gelegene Stadt Lahnstein mit dem Schlosse Lahneck — Kurtrier den Flecken Kapelle mit dem Bergschlosse Stolzenfels — Kurköln die neben dem Königsstuhle gelegene Stadt Rhens — und Kurpfalz endlich besaß damals die Stadt Braubach nebst der Bergveste Marksburg, welches beides Hessendarmstadt jetzt von Kurpfalz zu Lehne trägt.

Zu Anfang des vorigen Jahrhunderts war dieser Königsstuhl nahe dran, in Trümmer zu zerfallen. Da aber Rhens für die dieser Stadt zugesicherte Zollfreiheit auf immer verpflichtet ist, ihn in Bau zu erhalten: so wurde er im Jahr 1624 wieder ausgebessert, und so steht er nun noch jetzt da. Die Treppe wand sich vormals um den mittelsten Pfeiler hinauf, jetzt aber führt sie von Außen auf die Oberfläche des Stuhls. Darneben stehen jene Jahrszahl und folgende mir unverständliche Buchstaben:

LD . DR . MR .

Um das Andenken an die vormals hier geschehene Reichswahlen zu erhalten, pflegt jetzt das ganze Publikum von Koblenz alljährlich einmal eine Lustpartie hierher zu machen. Am dritten Pfingsttage nämlich wählt die koblenzische Bürgerschaft ihre beiden jährlich abwechselnden Burgemeister hier aufs neue, und macht sich, nach vollbrachter Zeremonie, einen lustigen Tag, indem sie auf und neben dem ehrwürdigen deutschen Alterthum isset und trinkt, tanzet und fröhlig ist.

Bei dem Einflusse der Lahn in den Rhein ließen wir endlich die hochaufgethürmten, ununterbrochenen Gebirgsketten, die uns von Bingen an, in das tiefe Rheinbette eingekerkert hatten, hinter uns zurück. Allerdings hatte dies hohe Ufer zu beiden Seiten unsern spähenden Blicken immerwährende Schranken gesetzt, so, daß wir zwar vor und hinter uns, aber nie seitwärts, in die Ferne sehen konnten; allerdings macht eine solche zweitägige Reise, gleichsam in einem halben Kerker, die herrliche offene Landschaft, welche wir nun wieder erblickten, doppelt an sich ziehend: aber auch dieser Kerker hat zauberische Reize, und ich berufe mich, in Absicht dieser Behauptung, dreiste auf

das

das Zeugniß aller derer, welche die Wasserreise von Mainz nach Koblenz, oder umgekehrt, gemacht haben. Dazu kommt noch, daß diese Fahrt zwischen Gebirgen auch noch den Reiz der Neuheit für mich hatte. Vor einigen Jahren flottete ich aus dem Magdeburgischen auf der Elbe mit einem Floßholze nach Hamburg hinunter und genoß manches Vergnügen auf dieser angenehmen Floßholzreise durch eine immer offene Landschaft: aber dennoch sind ihre Reize weit entfernt, einen Vergleich mit den tausendfältigen Zerstreuungen und Abwechselungen dieser Rheinfahrt auszuhalten.

Das Gebirge wechselte unterhalb Rhens wieder mit Bergen ab, die sich sanfter erhoben. Allmählich ward die Landschaft, besonders am linken Ufer, immer offener, und endlich blickten die einzelnen Höhen aus der himmlischschönen Gegend um Koblenz daher, und verkündigten uns das baldige Ziel unserer Wasserfahrt.

Am frühesten zeigte sich uns die herrlich gelegene hocherhabene Karthaus, *) deren Klosterbrüder das

Gelübbe

---

*) Der geistliche Orden der Karthäuser ist bekanntermaßen eine Stiftung des Bruno, der ihn zu Chartreuse oder Karthuse, ohnweit Grenoble, im rauhen Gebirge des Delphinats, zu Ende des eilften Jahrhunderts stiftete. Er legte seinen Anhängern vor

allen

Gelübde stumm zu sein, hier gerade am wenigsten hätten thun sollen, wo die das Kloster umgebende unbeschreiblich schöne Natur sie zum lautesten Dank des Schöpfers auffordert, dessen Verehrung sie sich gewidmet haben. Ueber die Karthaus blickt ein Bergwald hervor, dessen dunkles Grün mit dem weißen Anstrich des Klosters auffallend und schön absticht. Auf dem rechten Ufer liegt stolz und furchtbar die Veste Ehrenbreitstein auf ihrem Bergkoloß. An den jähen Felsen, dessen Gipfel sie krönet, schmiegt sich einerseits das alte kurtrierische Residenzschloß an, und andererseits schlängelt sich das Städtchen Thal-Ehrenbreitstein in das Thal hinein. Ihm gegenüber, und bloß durch den breiten Rhein getrennt, liegt Koblenz selbst, an dessen Wasserseite vor kurzem das schöne neue kurfürstliche Schloß erbauet ist, welches der freundlichen Stadt in den Augen der Fremden, die von der Wasserseite von Mainz sie zuerst erblikken, zu einer noch größern Empfehlung gereicht. Der Rhein zwischen Stadt und Vestung ist beständig voller Leben und

allen Dingen ein immerwährendes Stillschweigen auf. Sie tragen für beständig ein weißes härenes Tuch auf dem bloßen Leibe; essen niemals Fleisch; fasten des Freitags bei Wasser und Brod; und dürfen sich nie außerhalb dem Kloster sehen lassen. Sie theilen sich in die deutsche, spanische, französische und italiänische Nation, und halten jährlich am ersten Mai ihr Generalkapitel.

und Wirksamkeit; aus dem schiffreichen Hafen gehen wenigstens in diesen Tagen fast jeden Augenblick Schiffe ab, oder es kommen welche an; und die hiesige sehr schöne fliegende Brükke ist jetzt in einer ewigen Bewegung. Kurz, die ganze Gegend ist so an sich ziehend und unterhaltend, daß selbst meine gespannten Erwartungen übertroffen wurden. Indessen gebe ich zur Steuer der Wahrheit zu, daß diese Tage der Bestürzung und kriegerischen Unruhe einigen Antheil an dieser außerordentlichen Lebhaftigkeit haben mögen.

Koblenz hat die Gestalt eines Dreiecks am rechten Ufer der Mosel, da wo sich dieser Fluß in den Rhein ergießt. Sie liegt unter den Kanonen der hocherhabenen Veste Ehrenbreitstein, und hatte noch vor wenig Jahren auch ihre eigene Bevestigung. Dies letzte ist jetzt nicht mehr so ganz der Fall, seitdem der Kurfürst für gut fand, den Theil ihrer Vestungswerke, der zunächst an den Rhein stieß, schleifen zu lassen, und auf dieser geebneten Fläche sein neues Schloß zu erbauen. Die Bürgerschaft machte zwar Einwendungen dagegen; allein der Kurfürst versicherte, daß ihnen die Schleifung ihrer Stadtwerker keine Gefahr zuziehen könne, da er ein zu naher Blutsfreund des königlichen Hauses in Frankreich sei, um mit diesem Reiche in Krieg verwikkelt werden zu können. Jetzt haben sich Zeiten und Umstände auf die unvorhergesehendste Art geändert, und

J 5   ich

Ich bin vest überzeugt, daß die Neufranken, troz jener Blutsverwandschaft, Besitz von Koblenz nehmen, noch ehe wir den ersten Tag des neuen Jahres erleben werden.

Die Zahl der Häuser zu Koblenz beläuft sich nicht viel über eintausend, und ihre Bevölkerung beträgt etwa zwölftausend Seelen. Einige Straßen sind regelmäßig, und diese haben großentheils drei Stockwerk. Seit Erbauung des neuen Schlosses sind die öffentlichen Plätze vermehret, und mit Anlagen zu einer schattigten Promenade bereichert; die Bäume sind indessen noch jung. Außer der Hauptkirche zu U. L. Frauen sind hier noch zwei Kollegiatkirchen, drei Nonnen- und drei Mönchsklöster. Auch haben mehrere gräfliche Familien ansehnliche Palläste hier. Die Brücke über die Mosel ist zwar schon alt, aber noch sehr vest. Erzbischof Arnold der Zweite umgab Koblenz im Jahr 1249 zuerst mit Mauern, und nachher wurde sie stark bevestigt. Im Jahr 1632 wurde sie von den Schweden belagert, und in eben dem Jahre, von Ehrenbreitstein aus, durch die Franzosen beschossen und eingenommen, weil Kurfürst Philipp Christoph so unvorsichtig gewesen war, ihnen diese Bergvestung einzuräumen, die sie erst im westphälischen Frieden zurückgaben. Im Jahr 1688 wurde Stadt und Vestung abermals durch die Franzosen beschossen und sehr verwüstet, aber nicht erobert.

Was

Was das Alter des Orts betrift, so ists gewiß, daß nicht nur die ersten fränkischen Könige hier einen Königshof hatten; sondern daß auch die Römer schon zu Kayser Julians Zeiten hier hauseten. *) Ueberhaupt war damals die ganze umliegende Gegend im häuslichen Besitz der Römer, wovon sich noch jetzt Spuren aller Art finden. So liegt z. B. zwischen Ehrenbreitstein und dem schönen Städtchen Neuwied eine Abtei, welche noch diese Stunde Römerdorf — in alten Urkunden villa romana — genannt wird. Nahe dabei liegt ein Berg, und findet sich ein Graben und eine wüste steinigte Städte, welches dreies noch jetzt bei den hiesigen Einwohnern unter den Namen des Götzenberges, des Heidengrabens und der Römerburg bekannt ist. Man findet hier noch zuweilen kupferne und silberne Münzen aus ganz verschiedenen Zeitaltern der römischen Geschichte, z. B. Münzen vom Julius Cäsar, Markus Aurelius und Konstantius Agrippa. Die vor einigen Jahren auf dem Götzenberge ausgegrabenen zwei Säulen von einer ausländischen Steinart, deren jede sechs und einen halben Fuß

---

*) Unter andern sagt Ammianus Marzellinus Lib. XVI. Cap. III.: „Per hos Tractus nullum Castellum visitur, nisi apud Confluenter, locum ita cognominatum, ubi amnis Mosella infunditur Rheno."

Fuß lang ist, scheinen die Bruchstükke des dort gestandenen römischen Tempels zu sein. Jetzt werden sie in dem Kapitelshause der prächtigen Prämonstratenserabtei zu Römerdorf aufbewahrt.

Auch die Heerstraße längst dem Rheine, die unterhalb Andernach oft unter großen Schwierigkeiten über dem felsigten Abhange der gebirgigten steilen Rheinufer gesprengt werden mußte, ist ein Werk der Römer, wodurch sich die Kayser Markus Aurelius Antonius und Lucius Aurelius Verus verewigten. *) Neben dieser Aurelsstraße fand man im Jahre 1748 bei dem jülichischen Städtchen Rheinmagen — sonst Rigomagus genannt — am Rheine, einen um das Jahr Christi 163. gesetzten römischen Meilenstein, welcher die Entfernung der Stadt Rigomagus von der Stadt Kolonia Agrippina — Köln — auf drei tausend Schritte — MILLE PASSVS XXX. — angiebt.

Dem kurkölnischen Städtchen Unkel gegen über, in der Gegend des linken Rheinufers, wo der schwarze Basalt in Menge gebrochen, und der aus lauter Basaltsäulen bestehende übelberüchtigte große Unkelstein im Strome gefunden wird, fand man die Trümmer eines römischen Denkmals von Steinen, welches die Römer im Jahr Christi 162.

den

*) S. Gerkens Reisen, 2ter Theil. S. 348.

den Erbauern dieser Aurelsstraße zu Ehren gesetzt hatten. Sie werden jetzt in dem Kabinette der Alterthümer zu Manheim aufbewahret; und der Kurfürst hat an ihrer Stelle da, wo sie gefunden wurden, eine steinerne Spitzsäule mit folgender Inschrift errichten lassen:

> VIAM.
> SVB. M.
> AVRELIO.
> ET. L. VERO.
> IMPP.
> ANNO. CHR.
> CLXII.
> MVNITAM.
> CAROLVS.
> THEODORVS.
> ELECTOR. PAL.
> DVX. BAV. IVL. CL. M.
> REFECIT
> ET. AMPLIAVIT.
> ANNO. MDCCLXVII.

Ein nicht weniger merkwürdiges Alterthum grub man im Jahr 1718, bei Grundlegung des kurkölnischen Schlosses zu Bonn, aus der Erde. Man fand nämlich ein ungewöhnlich großes Menschengerippe daselbst, darneben stand ein Aschenkrug, in welchem sich, nebst mehrern römischen Münzen, eine ziemlich große kupferne Platte mit folgender Inschrift fand:

F. C. S. D. S. a. b. v. L.

Der damalige Kurfürst setzte einen Preis von zehn Louisd'or auf die wahrscheinlichste Erklärung dieser Anfangsbuchstaben, ich weiß aber nicht, ob sie entziffert sind.

Ich machte gestern eine angenehme Fußreise nach den mineralischen Quellen des zwei Stunden von hier an der Lahn gelegenen Emserbades, um auf diesem Spaziergange die in ihrer Art ungemein schönen Gegenden des Lahngebirges kennen zu lernen. Das fleißig besuchte Bad ist halb nassauweilburgisch und halb hessendarmstädtisch. Jede dieser Landesherrschaften hat ein Schloß hier. Auch hier wimmelte es noch vor kurzem, eben so, wie zu Koblenz, von französischen Emigranten. Ungeachtet der außerordentlichen Nahrung, in welche deren pralerhafte Unökonomie, besonders im Anfange ihres Hierseins, die Einwohner setzte: so wurde man doch ihrer unbeschreiblichen Insolenz nach gerade so überdrüssig und müde, daß man sie zuletzt, selbst in den Gasthöfen, lieber gehen, als kommen sah. — In der That wird man durch alle die Thatsachen, welche sie in allen deutschen Gegenden, wo sie sich eine Zeitlang aufhielten, von sich hören lassen, immer mehr überzeugt, daß sie, wenigstens in der Regel, denn von einzelnen Ausnahmen red' ich nicht — unmöglich der beste Theil der französischen Nation sein können, gesetzt auch, diejenigen, welche sie für deren Abschaum halten,

thäten

thäten ihnen Unrecht. Ich bin erstaunt, wie sehr hier jeder Bürger und Hausvater auf sie schimpft. Man nennt sie „eine schädliche Insektenart, die da, wo sie wie ein Bienenschwarm hinfalle, deutsche Sitten und Biederkeit mit der Wurzel vernichte, und alle häußliche Glückseligkeit untergrabe, indem sie physisch und moralisch alles um sich her verpeste." Sie führten einen eigenen Gerichtshof mit sich umher, und bildeten gleichsam einen eigenen Staat im Kurfürstenthum Trier. Daher kam es dann, daß sie von der Achtung, die sie der Polizei des Landes, worin sie geduldet wurden, schuldig sind, durchaus nichts wissen wollten, und fast täglich diejenigen Landeseinrichtungen mit Füßen traten, denen sich jeder gutdenkende Insasse mit Vergnügen unterwirft.

Noch ist das Städtchen Ems ganz voll von einem Vorfall, der sich vor wenig Wochen mit zweien französischen emigrirten Edelleuten hier zugetragen hat. Der Eine tritt aus Unvorsichtigkeit der sogenannten Ehre des Andern auf den Fuß, oder vielmehr nur auf den kleinen Zehe: denn es ist die unbedeutendste Kleinigkeit gewesen, worüber er sich an seiner Ehre gekränkt gehalten hat. — Dieser jagte dafür dem Beleidiger *methodice* — das heißt, im ehrenvollen Zweikampfe — eine Kugel durch die Brust. Dies geschah hier bei Ems im Bergwalde. Nachdem er ihn so, im Beisein der erforderlichen Zeugen

des

des Ehrenzwistes, glücklich in die beſſere Welt beför=
dert hatte, warf er den noch blutenden Sterbenden,
wie einen tollen Hund, in die vorbei fließende Ems,
von welcher er hoffen mogte, daß ſie ihn bald den
Fiſchen des Rheins überantworten werde. Der Zu=
fall wollte aber, daß die Fiſcher ihn finden und wie=
der an das Tageslicht bringen ſollten. Die Sache
kam zur Unterſuchung der Landesgerichte; aber der
Mörder wollte ſich erſt auf dringendes Zureden ſeiner
Freunde die Mühe geben, flüchtig zu werden. Er
meinte mit franzöſiſcher Impertinenz, das, was
er gethan habe, ſei eine áchtabeliche ehrenvolle Hand=
lung, um derentwillen ihn das deutſche Vieh *)
doch nimmermehr würde gefänglich einziehen wollen.

Heute morgen erſtieg ich in einer angenehmen
und heitern Frühſtunde den ſteilen Felskoloß, auf wel=
chem die uralte Veſte Ehrenbreitſtein erbauet iſt.
Der Weg windet ſich an der Seite des Rheins
über dem alten kurfürſtlichen Schloſſe ſteil hinauf und
iſt eben darum ziemlich beſchwerlich. Aber der Fahr=
weg

---

*) Dieß iſt bekanntermaßen der Ausdruck, deſſen ſich der
Prinz Artois bedient haben ſoll, da er, von Plinitz
aus, Ludwig dem Enthaupteten ſchrieb, daß er
nun endlich mit unausſprechlicher Mühe la bête alle-
mande zu dem Entſchluß gebracht habe, die Ehre des
königlich franzöſiſchen Hauſes mit den Waffen in
der Hand rächen zu wollen.

weg durch das Thal auf der Landſeite macht größere
Umwege, und iſt weniger ſteil. Die Natur hat un‍-
gemein viel gethan, um dieſen Felſen zum Wohnſitze
menſchlicher Stärke vorzubereiten. Aber auch die
Kunſt verſäumte nichts, um ihn durch ungeheure
Wälle und Mauern, Gräben und Bollwerke der Un‍-
überwindlichkeit näher zu bringen. Allein, was iſt in
unſern wundervollen Tagen noch unüberwindlich? —
Heil dem Kurfürſten, daß ſeine Veſte nicht am lin‍-
ken Ufer des Rheins liegt! —

Die Veſtung beſtreicht den Rhein und die Mo‍-
ſel, und es iſt wahr, von dieſer Seite dürfte keine
menſchliche Kraft im Stande ſein, ihre faſt ſenkrechte
Felſenhöhen ſtürmend zu erklimmen. Aber ſie hat
auch eine Landſeite, wo ſie von einem andern nahe
gelegenen gleich hohen Berg beſchoſſen werden kann.

Das Ungeheuer von metallener Kanone, das man
vor der Hauptwache auf Ehrenbreitſtein findet,
iſt vielleicht nie größer gegoſſen worden. Indeſſen iſt
dieſe unbehülfliche Kartaune — der Greif genannt —
doch mehr der Seltenheit, als des Nutzens wegen
merkwürdig. Denn die verhältnißmäßige Lavette
mögt' ich doch ſehen, auf welcher ſie aus der Stelle ge‍-
bracht werden könnte, ohne ſie ſogleich zu zerdrükken.
Sie liegt daher hier auf der bloßen Erde über ein Paar
Balken. Ihre Schwere beträgt dreihundert Zentner,
und ihre Länge ſiebenzehn Schuh. Sie ſchießt mit ei‍-
ner

ner Ladung von achtzig Pfund Pulver eine Kugel von
einhundert und sechzig Pfund. Bei dem Zündloche ist
ihr folgende Inschrift in altdeutscher Mundart ein-
gegossen:

„Vogel Greif heiß ich;
„Meinem gnädigen Herrn von Trier dien ich.
„Wo er mich heißt gewalden,
„Do will ich Dohten und Mauern zuspalten.
„Simon goß mich. 1528."

Der Vestungsbrunnen ist zweihundert und achtzig
Fuß tief. Es ist auch eine kleine Kirche hier oben.
Die Aussicht von oben herab in die lachende Landschaft
umher, übertrift alles, was ich auf der Reise hierher
Schönes gesehen habe. Schwerlich wird man am ganzen Rheine einen Standpunkt finden, der anziehen-
der noch wäre, als dieser hier. Mit dem Gesichte nach
Koblenz gewandt, lag zu meinen Füßen im Vorder-
grunde dies schöne Städtchen in seiner dreieckigten Gestalt, und mit seinem geschäftvollen Menschengewühle.
Auf den Flüssen neben der Stadt herrscht die lebhaf-
teste Wirksamkeit einer Menge Schiffer. In der breiten Fläche des Rheins scheinen die beiden Inseln zu
schwimmen, deren jede ein Kloster in ihrem angenehmen Gehölze verbirgt. Ueber der Stadt ragt die erhabene, mit Waldung und Weinreben umgrünte Karthaus aus dem sie umgebenden irdischen Paradiese
hervor, die selbst eine nicht weniger entzükkende Aussicht hat. Ihr zur Seite schlängelt die Mosel daher,
schlüpft

schlüpft durch die vierzehn Schwiebbögen der Moselbrücke, um sich dann in den Rhein zu stürzen. Aber ihr schwarzgraues Wasser kämpft gleichsam einen schweren Kampf mit dem grünlichen Wasser des Rheines, ehr es sich mit ihm vereinigen kann, und man bemerkt deutlich die scharfe Scheidewand beider Flüsse bis auf die Entfernung einer Viertelstunde unterhalb der Moselmündung. *) Zur Linken schleicht der Rhein aus seinen bisher hohen Ufern durch die nun offnere Landschaft dem Scheine nach, langsam daher, als wollte er lange in den herrlichen Gefilden verweilen, die er, nebst der Mosel, bewässert. Rechts überschauet man seine Silberfläche mit allen ihren sanften Krümmungen, bis weit hinter die Städtchen Neuwied und Andernach, wo er sich endlich in kaum erreichbarer Ferne von neuem zwischen Felsenufern und Bergketten dem Auge entzieht. In den weiten Thalgegenden gegen Abend begränzen Wiesen und Fruchtgefilde

*) Da das Wasser beider Flüsse nicht gleich weich ist, so bemerkt man hier das nämliche Phänomen, wie bei der Mündung der Havel, wo sie sich in die Elbe ergießt. Die Schiffe nämlich, welche aus dem weniger tragenden Flusse auf das spezifisch schwerere Wasser des andern Flusses fahren, pflegen sich, wenn auch die Schiffsladung um nichts vermindert wird, sondern ganz dieselbe Schwere behält, ein wenig zu heben, welches man rund um das Schiff deutlich an dem schwarzen angefeuchteten Strich bemerken kann, bis auf welchen es vorher unter der Oberfläche des weniger tragenden Wassers war.

das rechte Rheinufer, bis endlich in blauer Ferne ein Halbzirkel von Bergen und Waldungen in der nach und nach sich mehr erhöhenden Landschaft dem unersättlichen Blicke des Naturfreundes Schranken setzen. Ich hätte hier nicht stunden- sondern tagelang um mich herschauen und genießen mögen; aber die Zeit des Genusses eilte schnell vorüber. Ich mußte mich gewaltsam und wahrscheinlich auf immer von diesen an sich ziehenden Gegenständen losreißen, und trat meine Rückkehr nach Mainz an.

Siebenzehnter Brief.

Inhalt:

Stadt Kreuznach — Deren Kauzenburg — Gustav, Adolph daselbst — Fingerzeig für leidende Pfälzer. — Warum mir das Blut zu Kopfe steigt — Wasserfluthen — Schmerzischer Garten. — Verbrannte Wahrzeichen — Pfalzsprung beim Galgen. — Michel Morts Denkmal — Salzwerke der Pfalz — Nabeufer. — Pfalzgrafenstein — Franz von Sikkingen, Luthers Freund — Pfälzische Bergwerke. —

Kant. Quart. Kreuznach, im Septbr. 1794.

Kreuznach, unter den Oberamtsstädten der kurpfälzischen Lande die grösste, volkreichste und blühendste, liegt drei Stunden von Bingen gegen Süden. Die Nahe theilt sie in die alte und neue Stadt. Vormals, da dieser Fluß seinen alten Lauf noch nicht verändert hatte, umgab er die ganze Altstadt, und bildete so eine Insel. Nach einem auf dieser Insel gelegenen Kloster wurde in den frühern Jahrhunderten viel

gewal-

gewalfahrtet. Der Nachen, in welchem die Walfahrtenden über die Nahe gesetzt wurden, soll auf dem Vordertheile das Sinnbild der Andacht und Heiligkeit — ein Kreuz — gehabt haben: und in diesem Kreuz-Nachen soll der Ursprung des jetzigen Namens der Stadt liegen.*) Da vor der Mitte des dreizehnten Jahrhunderts Kreuznach immer nur ein Dorf genannt wird, so scheint diese Stadt nicht alt zu sein. Aber bebauet war der Ort, und bewohnt die Gegend, wo sie steht, schon längst. Das in frühern Zeiten sogenannte Kastrum Kruzenachen war ursprünglich gewiß ein Werk der Römer. Das Bruchstück der sogenannten alten Heidenmauer, und mehrere in diesen Gegenden ausgegrabene römische Alterthümer, deren ich schon in meinem Briefe aus Worms erwähnt habe, beweisen dies hinlänglich. Dies römische Kastel, das nach einer alten Kronik im Jahr 893. durch die Normannen verheert worden sein soll, wurde nachher in seinen Trümmern zur Erbauung eines dem h. Martin gewidmeten Benediktinernonnenklosters benützt, wovon jetzt nur noch die verfallene Martinskapelle übrig ist.

Besonders sehenswerth sind hier die Ueberreste des auf der Anhöhe oberhalb der Stadt gestandenen ehemals

---

*) Die Geschichte der Stadt Kreuznach ist umständlich erzählt in des Herrn Andreä zu Heidelberg Crucinaco Palatino Illustrato.

mals vesten Bergschlosses Kauzenburg. Von dem Ursprunge desselben läßt sich nicht viel Zuverlässiges behaupten; wahrscheinlich ist es erst zur Zeit des großen Zwischenreichs im dreizehnten Jahrhundert erbauet. Mit dem Schicksale dieser Burg wechselte auch oft das Schicksal der vor dem dreißigjährigen Kriege sehr blühenden Stadt und ihrer Bewohner ab. Allein im Jahre 1620 eroberten die Spanier Stadt und Burg, und tyrannisirten besonders die protestantischen Einwohner, bis endlich im Jahre 1632 Gustav Adolph mit seinen tapfern Schweden sie wieder erlösete. Er nahm zu Ende Februars der spanischen Besatzung die Stadt weg, und eroberte drei Tage nachher auch die Kauzenburg.

Jene inquisitorischen Ketzerjäger hatten die sämtlichen Protestanten zu Kreuznach mit Einziehung aller ihrer Güter, und mit ewiger Knechtschaft und Fortführung ihrer Personen nach Spanien, bedrohet, wenn sie nicht in einer anberaumten Frist in der katholischen Kirche erscheinen, und den allein seligmachenden Glauben annehmen würden. Da man es so gut mit ihrer Seligkeit und so böse mit ihrem Eigenthume und ihrer Freiheit meinte, so entsagten die Bedrängten scheinbar ihren Ueberzeugungen, und beschwuren den katholischen Glauben. Als Gustav Adolph bei seinem Hiersein das erfuhr, schüttelte er bedenklich den Kopf zu dem raschen Abfall seiner Glaubensbensgenossen von dem Protestantismus, nannte die Abtrünnigen alte Huren, und wollte sie, als solche, bestraft wissen. Er ließ nämlich sie alle, die nun mit Freuden dem ihnen verhaßten, und nur aus Furcht beschwornen Aberglauben ihrer Verfolger, wieder entsagten, in den protestantischen Kirchen in eben der Art, wie es sonst mit den Huren der Gebrauch war, Kirchenbuße thun; und dann erst erklärte er sie wieder für ehrliche protestantische Christen.

Im Verfolg des dreißigjährigen Krieges, nachdem die Schweden diese Rheingegenden wieder verlassen hatten, wurde Kreuznach bald des Einen, bald des Andern Beute. Aber das härteste schrecklichste Loos traf Stadt und Burg im orleanischen Erbfolgekriege des Jahres 1688. So wie die Franzosen bei ihren damaligen Mordbrennereien, toller wie die Räuberbanden, in der ganzen Pfalz Barbareien aller Art verübten: so verwandelten sie auch hier die gemißhandelten Einwohner in Bettler, und ihre Wohnsitze in Schutthaufen. Auch die Kauzenburg wurde damals mit den Bevestigungen der Stadt in die Luft gesprengt.

Diejenigen, welche am Rhein unter dem Druck der unvermeidlichen Uebel des gegenwärtigen Krieges seufzen, und die Soldaten der Neufrankenrepublik mitunter barsch und hartherzig finden, mögen sich trösten, indem sie an das Jahr 1688 zurück denken,

ken, und aufrichtig bekennen, daß die Soldaten der französischen Könige unendlich größere Barbaren, oder doch deren Werkzeuge, waren! —

Vielleicht, liebster Freund! sehen Sie es manchen Stellen meiner Briefe an, daß mir das Blut jedesmal zu Kopfe stieg, so oft ich an das schreckliche Schicksal der guten Pfälzer denke, die im vorigen Jahrhunderte mit wegen ihres Protestantismus, durch den französischen Hof auf eine vor Gott und Menschen so unverantwortliche Art gemißhandelt, geplündert und zum Lande hinausgejagt wurden. Aber verzeihen Sie, diese Aufwallungen des Bluts sind so natürlich, da ich Blutsverwante unter den preußischen Pfälzerkolonien habe, deren Vorfahren jene Barbareien erduldeten, und zu Berlin, Magdeburg, Halle u. s. w. eine bleibende Städte wieder fanden — sind zu natürlich, da die Erzählungen der Urgroßältern wohl dafür gesorgt haben, daß bei deren Enkeln und Urenkeln die französischen Könige nichts weniger als in gutem Andenken stehen.

Kreuznach hat in dem laufenden Jahrhunderte auch schon zweimal an dem Wasser einen gar argen Feind gehabt. Der acht und zwanzigste Februar des großen Wasserjahres 1784 steht bei den Einwohnern noch in frischem Andenken. Damals wurde unter andern auch die schöne Brücke, welche Alt- und Neustadt verbindet, und mit dem darauf erbaueten Hause,

K 5   fort-

fortgerissen. Nicht weniger fürchterlich war der Stadt das Jahr 1725, n·o das Wasser eines bei Weinsheim gefallenen Wolkenbruchs, die bei Kreuznach in die Nahe fließenden Bäche so sehr anschwoll, daß die ganze Neustadt dadurch überschwemmt und in die äußerste Gefahr gesetzt wurde. Zum Glück riß die Gewalt der Fluth ein Stück von der Stadtmauer ein, so daß sich das angesammelte Wasser in die Nahe ergießen konnte.

Sehenswerth ist in Kreuznach der englische Garten des hiesigen Privatmannes Herrn Schmerz. Er liegt auf den ehemaligen Bevestigungswerken der Neustadt und in dem Thale, das sich daran hinzieht. Ungeachtet seines geringen Umfangs ist er doch voller angenehmen und gefälligen Abwechselungen. Das unebene, mit Anhöhen und Vertiefungen untermischte Terrain scheint dem reichen, und nicht geschmacklosen Eigenthümer die Ausführung seiner Ideen sehr erleichtert zu haben. Es ist auch nicht schwer, aus dem allenthalben durchgeführten und hervorstechenden Charakter der ganzen Gartenanlage den Werkmeister selbst zu beurtheilen, so fern, wie hier der Fall war, er selbst und alleine angeordnet hat. Allenthalben erinnern die Theile des Ganzen an den stillen einsiedlerischen Wohnsitz eines Betagten, den mancherlei Lebensgenüsse endlich für die Freuden der Welt abstumpften, und einer schwärmerischen Selbstbetrachtung

tung im Schoße edlerer Naturfreuden empfänglich machten, und der seine Weisheit hauptsächlich der Zeit und eigenen, oft theuer eingekauften Erfahrungen verdankt.

Gleich beim Eintritt in den Garten befindet man sich in einem tiefen und schattigten Thale, unter schlanken Baumanpflanzungen, die in ihrer Mitte eine der Freundschaft geheiligten Urne verbirgt. — Tiefer in das Thal hinein beschatten hohe Pappeln und auswärtige Holzarten die Kapelle eines schwärmerischen der Welt abgestorbenen Einsiedlers. Nahe dabei steht am Fuße eines jähen Felsens der mit Ephcu umschlungene Stamm einer abgelebten dikken Eiche. Ich bemerkte in demselben ein Schlüsselloch, und erwartete, daß dieser Stamm, wie gewöhnlich, etwa den innern Raum für ein geheimes Geschäft enthalten würde; allein ich ward angenehm überrascht, als mir der Gärtner in dem Stamme Thüre und Fenster eröffnete. Denn ein ganz einfacher Mechanismus bewirkte eben dadurch das Aufrichten und die Bewegung eines darin hausenden bärtigen Einsiedlers, den ich in der Betrachtung eines vor ihm auf dem Tische liegenden Todtenkopfes, mit der Aufschrift: „Arm und reich, alle gleich!" gestört zu haben schien, und der mich deßhalb verwundrungsvoll und strafend ansah. Tiefer im Hintergrunde des Thales ist in einer steilen Felsenwand dem Eremiten eine kühle Wohnung gesprengt und zubereitet.

tet. Von einem dieser Gegenstände zum andern durch
das Thal hin, so wie auch auf die benachbarten Höhen
hinauf, führen schlängelnde Schattengänge bergauf und
bergab unter Fruchtbäumen und ausländischen Gesträu-
chen dahin. Allenthalben, wo der Raum und die Gelegenheit dazu aufforderte, sind kleine Gemächer und
dunkle Lauben in dem Gehölze verborgen. Die erhabensten von ihnen eröffnen unerwartet bald die Hinsicht über die ganze Stadt, bald den Anblick der benachbarten prächtigen Trümmer der Kauzenburg;
Oder man überschauet mit einem Blick die herrliche
und fruchtbare Ebene zwischen Kreuznach und Pla-
nitz, an deren Rande sich die Nahe nach Bretzenheim hinabschlängelt. Wunderschön ist besonders die
Ansicht der ganzen Nachbarschaft auf dem hohen und
sehr steilen Berge dieses Gartens, auf dessen Gipfel
einst ein Bevestigungsthurm stand, und jetzt ein
chinesisches Häuschen zum Schutz gegen die Sonne
erbauet ist.

Schade, daß die Franzosen im vorigen Winter
während ihrer kurzen Anwesenheit zu Kreuznach
einen großen Theil dieses niedlichen Gärtchens verwüstet haben. Da indessen die Natur hier das mehrste
gethan hat, so wird wohl die Börse des Herrn
Schmerz die vorzüglichsten Reize der Anlagen bald
wieder herstellen. Unter andern waren die sämtlichen
Nischen, Lauben, Gemächer und Partien des Gartens.

da-

da, wo der Blick des Wanderers leichte und unwillkürlich hinfiel, mit kleinen Täfelchen versehen, auf welchen ernsthafte Verschen und Aphorismen aus der Lebensphilosophie der Gedankenlosigkeit der Weltkinder wohlthätig unter die Arme griffen. Die Neufranken, die doch Erzweltkinder sind, waren indessen wenig dankbar dagegen, und schonten weder der Lauben, noch der Anpflanzungen fremder und rarer Holzarten, noch jener geistreichen Inschriften, sondern überantworteten das alles den Kochlöchern und nächtlichen Wachtfeuern; trotz der Vermahnungstafel des Eigenthümers neben dem Eingange zum Garten:

„Wanderer, habe tausend Augen, nur keine Hände!"

Die vornehmsten Gedanken geistreicher Männer und die Wahrheiten, welche jene Tafeln enthielten, von denen nur wenige dem Feuer der feindlichen Feldwachen entgingen, waren folgende:

„Durchforsche, Sterblicher, des Lebens kurzen Raum!
Was kommen soll, ist Nacht, was hin ist, ist ein Traum.
Der gegenwärt'ge Punkt ist allzukurz zur Freude;
Und doch, so kurz er ist, nur allzulang zum Leide."

„Wir sterben in jeder Nacht; an jedem Morgen werden wir von neuem gebohren: Jeder Tag ist ein Leben — und jeden Tag wollen wir tödten?"

„Sich zu vergnügen ist eine Pflicht, die nur Wenige gelernt haben. Der Wollüstling sucht die Glückseligkeit allenthalben, nur da nicht, wo sie zu finden ist.

ist. Er will glücklicher sein, als irgend einer, und ist doch unglücklicher, als die meisten Menschen sind. Gewöhnlich ist der Geburtstag seines Verstandes der letzte Tag seines Lebens."

„Der Tod ist vorüber, so bald er angelangt ist — entweder noch nicht gekommen oder schon verschwunden; Nimmer ist er hier! — Der Gedanke des Todes allein vernichtet die Furcht des Todes. Eine Abneigung vor diesem Gedanken ist eine mehr als mitternächtliche Finsterniß über der Seele, welche darunter auf dem Rande einer steilen Klippe schläft, und vom ersten Sturme in den Abgrund gestoßen zu werden, Gefahr läuft."

„Die Menschen wollen nur immer Wunder sehen, und doch ist das höchste Wunder dies, daß uns die wahren Wunder — die Wunder der Natur — alltäglich worden sind."

„Genügsamkeit ist natürlicher Reichthum, und Luxus künstliche Armuth."

„Unsre Welt ist ein großes Grab; denn wo ist der Staub, der nicht lebendig gewesen wäre? — Die Schaufel und der Pflug zerstöhren unsre Vorfahren, und auf Menschenmoder wird unser tägliches Brod geerndtet. Des Menschen Tod erfüllet alle Dinge, nur nicht — den Gedanken des Menschen."

„Be

„Begüterte begehen durch thörigten Aufwand einen Diebstahl an der Unterstützung, welche die leidende Menschheit von ihnen erwartet."

„Der Spinne dünster Faden ist ein starkes Seil gegen das zarte Band, welches den Menschen mit irdischer Glückseligkeit verknüpft. Es zerreißt von dem leisesten Hauche der Luft."

„Der Aufschub ist ein Dieb der Zeit: er stielt uns ein Jahr nach dem andern, bis alle entflohen sind, und überläßt die große Angelegenheit einer Ewigkeit der Gnade und Ungnade eines Augenblicks."

„Der Mensch ist eben so gewiß der Erbe, als das Kind der Pein. Wer gebohren wird, ist worden! Leben ist Krieg — ewiger Krieg mit dem Unglück: Wer dieses am besten erträgt, verdient jenes am meisten."

„Menschlichkeit üben ist zu jeder Zeit ein süßes Geschäft; aber am süßesten dann, wenn das Herz voll Harms ist. Unglücklichern, als wir selbst sind, beistehen, ist ein Mittel, unsern eigenen Schmerz zu mildern."

„Das Wünschen, diese beständige Hektik der Narren, ist unter allen Beschäftigungen die schlimmste; ist der Gesundheit Verfall, der Weisheit Widerspiel: Und wäre man reich, wie ein Traum von Südsee-
schätzen,

schätzen, das Wünschen ist ein Mittel, arm zu werden."

"Ein zufriednes Herz, immer in sich selbst ruhig, sieht beides, die Thränen des Schmerzes, und die, der Freude, — die bösen und guten Tage, als abwechselnde Witterungen an, die zur Befruchtung der Tugend unentberlich sind."

"Der Tod ist des Lebens Krone. Wäre der Tod versagt, so würde der arme Mensch umsonst leben — so würden sogar Thoren zu sterben wünschen! Der Tod verwundet, um zu heilen! Er, der König des Schreckens, ist der Fürst des Friedens."

"Unser Leben gleicht einem Schiffe. Ins Leben eingeschifft, fahren wir auf der Fluth der Zeit sanft, und allmählig hinab, ohne der Zeit zu achten. Zerstreuungen aller Art lassen nichts merken von der fortschlüpfenden Welle, bis plötzlich wir einen Stoß empfinden. Wir springen auf, erwachen und sehen — unsern morschen Kahn an Charons Ufer gescheitert."

"Der Tod und sein Bild in unserm Gehirne haben nur wenig Aehnlichkeit mit einander. Unser Geist, immer so reich an Mitteln sich selbst zu beunruhigen, mahlet ihn schrecklich. Aber wer kann die ächten Züge des Todes fassen, da dieser Tyrann noch nie gesessen hat? — Unser Abriß von ihm besteht

aus

aus flüchtigen, auf bloßen Muthmaßungen gegründeten Strichen: Die Furcht erschüttert unsern Pinsel — die Einbildungskraft liebt Ausschweifungen — die dunkle Ungewißheit verschwendet ihre Schatten: — so, so entsteht das fürchterliche Gemälde des Todes in unserer Seele!"

Ueber der Gruft, die sich der Einsiedler auf der Höhe des Gartens unter den Schatten einer schönen Baumpartie zubereitet hat, liefet man die hier sehr zweckmäßig gewählte, von Claudius in Reime gebrachte Geschichte des menschlichen Lebens in nuce, wie folget:

> "Der Mensch,
> "Empfangen und gebohren
> Vom Weibe wunderbar,
> Kommt er, und sieht und höret,
> Und nimmt des Trugs nicht wahr;
> Gelüstet und begehret,
> Und bringt sein Thränlein dar;
> Verachtet und verehret,
> Hat Freude und Gefahr;
> Glaubt, zweifelt, wähnt und lehret,
> Hält nichts und alles wahr;
> Erbauet und zerstöhret,
> Und quält sich immerdar;
> Schläft, wachet, wächst und jähret,
> Trägt braun und graues Haar;
> Und alles währet,
> Wenns hoch kommt, achtzig Jahr —
> Dann legt er sich zu seinen Vätern nieder
> Und er kommt nimmer wieder!"

Jetzt noch einiges von den Merkwürdigkeiten um Kreuznach. Am Galgenberge, zwischen der Stadt und dem Dorfe Hakenheim gelegen, ist der sogenannte Pfalzsprung, das heißt die Gegend, wo Kurfürst Friedrich der Vierte im Jahre 1603 zum Erstaunen vieler Zuschauer mit seinem Pferde über einen sieben und zwanzig Fuß breiten Laufgraben setzte. Zum Andenken an diesen ungeheuern Sprung wurden in der nämlichen Enfernung und an derselben Stelle zwei behauene vierekkigte Steine einander gegen über errichtet, auf welchen beiden das kurpfälzische Wappen und das Bildniß des springenden Pferdes stehen, und folgende Inschrift lesbar ist:

```
ANNO . SALVTIS .
MDCIII .
IIII . DIE . MARTII .
FRIDERICVS . IIII . COM .
ELECT . PALAT .
DVX . BAVAR . &c .
AD . HVNC . LAPIDEM .
A . SVPERIORI .
FORTVNANTE . DEO .
SALTAVIT . EQVO .
```

Das verfallene Denkmal ohnweit Kreuznach, zwischen Zozenheim, Sprenglingen und Pfaffenschwabenheim, ist dem Andenken eines tapfern

Metzgermeisters zu Kreuznach, Namens Michel Mort, errichtet worden, welcher im Jahre 1279 in einer Schlacht zwischen dem Erzbischof Werner von Mainz, und dem Grafen Johann dem Ersten von Spanheim hier sein Leben einbüßte. Es besteht aus einer steinernen Säule, auf welcher sein Bildniß ausgehauen stand. Das umliegende Schlachtfeld heißt nach diesem Helden noch jetzt das Michelmortsfeld.

Eine Viertelstunde oberhalb Kreuznach liegen zwei kurpfälzische Salzwerke, die Karls- und die Theodorshalle, an der Nahe, deren Wasser die hiesige Sole von mittelmäßigem Gehalte, auf verschiedene Gradierhäuser treibt, die längst dem Thale, welches nach Ebernburg hinauf führet, dem Luftzuge dieses Thales sehr gut ausgesetzt sind. Beide werden hier durch eine Brücke über diesen Fluß mit einander verbunden, deren hölzernes Hangewerk auf massiven Pfeilern ruhet. Die Karlshalle sottet jährlich etwa zweitausend Malter Salz. Viel beträchtlicher ist die Tehodorshalle, deren jährlicher Ertrag sich auf zwölftausend Malter beläuft. Ihre Benützung ist vom Kurfürsten eben so, wie die benachbarte rheingräfliche Halle bei Münster, und wie das bei Dürkheim bestehende Salzwerk, auf viele Jahre einer Gesellschaft von großentheils frankfurthischen Juden und Christen verpachtet worden; so daß der ganze Salzhandel in der rheinischen Pfalz in den Händen dieser Gesellschaft ist.

Die Gegend am Hunsrück längst der Nahe, wo die Preußen unter Möllendorf jetzt ziemlich gemächlich kantonirend hausen, ist äußerst romantisch, und voller grotesken Schönheiten. Allenthalben steile Felsmassen und Berge, deren Gipfel sich kühn in die Wolken erheben; allenthalben tiefe Schluften und Thäler, in welchen Bäche und Flüschen geräuschvoll über ihr steinigtes Bette dahinplätschern. Auch die Dörfer in diesen fruchtbaren Thälern und an den Bergabhängen liegen ungemein angenehm; und der Wein, der hier längst den Naheufern wächst, wird zu den besten Pfalzweinen gerechnet.

Ueber den hiesigen Dörfern Münster und Eberns burg, eine Stunde von Kreuznach, liegen auf steilen Klippen und Bergen die prächtigen Ruinen zweier einst berühmter Rittersitze — des Rheingrafensteins und der Ebernburg. Jene war auf einem senkrecht aufsteigenden Felsen erbauet, der ungefähr die Höhe des höchsten Thurmes hat, den je Menschenhände aufführten. Man mögte den bloßen Gedanken schon eine Kühnheit nennen, auf der wenig ebenen Oberfläche dieser Gruppe von spitzen Felsen ein vestes Schloß erbauen zu wollen; aber noch viel kühner wurde dieser Einfall eines Rau- und Wildgrafen ausgeführt. Die ganz oben befindlichen Klüfte zwischen den verschiedenen sich zuspitzenden Felsengipfeln wurden mit Mäuerwerk ausgefüllt; so gewann man eine Ebene und einen Raum für das Schloß,

und

und dessen Beveſtigungen. Aber das alles wurde im Jahre 1688 auf Befehl Ludwig des Zerſtöhrers durch Pulverminen wieder zerriſſen, und in den jähen Abgrund hinabgeſtürzt. Von allen Gewölben, Mauern und Thürmen blieb gerade nur ſo viel ſtehen, wie nöthig war, um die hocherhabenen Trümmer recht eigentlich ſchön nennen zu können. Wer ein Freund von dergleichen Alterthümern iſt, läßt ſich die ſauern Fußtritte nicht gereuen, womit man dieſelben auf einem ſehr ſteilen Fußſteige über den unwegſamen Schutt erklimmen muß.

Ganz nahe dabei liegen die Ruinen der ehemaligen Veſte Ebernburg auf der Höhe eines felſigten Berges, der ſich plötzlich wie ein Kegel erhebt. Zu den Lebzeiten Luthers beſaß ſie der berühmte Franz von Sitting, von dem ein hieſiger Dichter ſagt:

„Sein Loſungswort war Tapferkeit,
Und Edelmuth ihm eigen:
Davon ſind Worms und Metz noch heut
Nebſt Frankfurth treue Zeugen."

Dieſer Franz war ein Freund Luthers, der ebenſo, wie er ſelbſt, das Herz am rechten Fleck hatte, obgleich auf eine ganz andre Art an den Tag legte. Er ſoll dieſen mehreremale gebeten haben, ihn zu beſuchen. Der bekannte Ulrich von Hutten, dem die Sache Luthers ſehr gut zu ſein ſchien, nahm ſich derſelben eifrig an, und gab die Bulle Leo des Zehnten wider Luthern, im Jahr 1520. mit Einſchaltungen und Randgloſſen heraus, in welchen er den Pabſt außerordentlich lächerlich

lich machte. Die Freimüthigkeit, womit er wider die Unordnungen des Hofes zu Rom geschrieben hatte, brachte den Leo im hohen Grade auf, und bewog ihn, dem Kurfürsten von Mainz zu befehlen, ihn an Händen und Füßen gebunden, nach Rom zu schicken. Hutten flüchtete, und begab sich in die Niederlande, zu Karl dem Fünften. Allein hier blieb er nicht lange, weil er erfuhr, daß er seines Lebens daselbst nicht sicher war. Er flüchtete sich nun in die Veste Ebernburg zu seinem Freunde Franz von Sitting; und schrieb von da aus seine Klage an den Kayser, an die Kurfürsten von Mainz und Sachsen, und an alle deutsche Stände wider die Unternehmungen, welche sich die Kundschafter des Pabstes gegen ihn erlaubten. Auch schrieb er von Ebernburg aus im Mai 1521 an Luther, und ließ verschiedene Schriften zum Vortheil der Glaubensgenossen ausgehen.

Aus dieser Verwechselung eines gleichzeitigen Anhängers der Reformation mit dem Hauptreformator selbst mag die Sage vieler hiesigen Protestanten entstanden sein, daß Luther bei seiner gefahrvollen Abreise von Worms, durch Franz von Sitting in guter Absicht aufgehoben, und bevor er nach der Burg Eisenach gebracht wurde, eine Zeitlang auf Sittings Ebernburg in freundschaftlicher Verwahrung behalten sei.

Eine Stunde oberhalb Ebernburg, auf der Westseite des Dorfes Feil, ist ein gutes Kohlenbergwerk,

werk, jährlich über sechstausend Maaß Steinkohlen gebrochen werden. In dem benachbarten Lemmberge wurden schon im funfzehnten Jahrhunderte verschiedene Gattungen von Quecksilbererzen gewonnen. Bloß in den sogenannten drei Zügen, welche bei dem Dorfe Bingert betrieben werden, gewann man im Jahre 1785 gegen siebentehalbtausend Kübel Scheideerze, woraus zweitausend und dreihundert Pfund Quecksilber geschieden wurden. In den Merkurialwerken des Lemmbergs werden auch Stufen mit gediegenem Quecksilber gebrochen.

Ich komme von diesen auf die quecksilberartigen Neufranken, die auch nicht lange an einem eroberten Orte bleiben, und auch auf den ungewöhnlichsten Wegen gegen den Rhein der Deutschen vordringen. Letzteres ist jetzt besonders von den Franzosen in Trier und am linken Moselufer wahr; und der Zeitpunkt, wo der Feind von Straßburg bis Holland Meister des linken Rheinufers sein wird, scheint in der That nicht sehr entfernt mehr zu sein. Dann ginge ja wahrlich in Erfüllung, was uns so mancher diesseitige Pfälzer schon im Frühjahre weißsagte, nämlich, daß wir zwar ihre Kirschen essen, aber die Neufranken auch ihren diesjährigen Wein trinken würden. Gott weiß, was aus diesem so allgemein verwünschten Kriege, und aus uns armen Deutschen noch werden will!

L 4

Achtzehnter Brief.

Inhalt.

Freuden der Weinlese — Bacchanalien der Pfälzer — Verdorbenheit der Sitten — Ursachen dieser Immoralität — Merkwürdigkeit der pfälzischen Naturgeschichte — Gesandschaft an einen Bauer zu Badenheim — Maus, der angenehme Gesellschafter — Der unermüdete Oekonom — Der wahre Lebensphilosoph — Der zärtliche Freund — Der deutsche Patriot — Nachschrift aus Frankfurth —

Kant. Quart. Flonheim, im Oktober,
1794.

Die öffentlichen Angelegenheiten Deutschlands mögen bei Beendigung dieses Feldzugs so übel stehen, wie sie wollen, wenigstens haben wir doch die Trauben der diesseitigen Pfalz noch keltern helfen, bevor wir über den Rhein in die Winterquartiere zurückgehen. O, es ist eine herrliche Zeit, die Zeit der Weinerndte! Alles ist so fröhlich und guter Dinge bei dem Geschäfte der Weinlese — und sogar die Pfälzer
sind

sind es, die es doch als unfehlbar vor Augen sehen, daß die Neufranken vielleicht in wenig Wochen die Herren ihrer Weinkeller nicht nur, sondern alles des Ihrigen sein werden. Der Himmel geb' ihnen wenigstens einen guten Feind! und wirklich ist alle Hoffnung da, daß er menschlich mit ihnen umgehen wird.

Es scheint in der That, als ob der Saft der hiesigen Trauben schon ungekeltert des Menschen Herz in dem Sinne erfreue, in welchem jener Weise dies von dem Weine selbst behauptete. — Die Vergnügungen dieser Weinlese, wahrscheinlich der letzten, der ich hier beigewohnt habe, werden mir noch lange unvergeßlich bleiben.

Nachdem die Trauben durchgehends gekeltert sein werden, beginnt hier, wie mir mein hiesiger Wirth erzählet, allgemach das lange Vierteljahr, in welchem die liederlichen Wirthe der Pfalz in so ferne nur Einmal berauscht sind, so ferne sie es gleichsam mit einer und derselben Besoffenheit anfangen und beschließen. Der hiesige Einwohner glaubt nämlich in der Regel, sich keine größere Güte thun zu können, als beim Trinken des jungen, so eben erst gekelterten Weines. Diesen jungen Wein, der außerordentlich rauscht, zieht er jedem ältern Weine seines Kellers vor, und dazu ißt er zahme Kastanien, die auf dem benachbarten Donnersberge wild, und in Menge wachsen, und sehr wohlfeil sind. So gerne ich diese Frucht esse, und so

sehr

sehr ich in Absicht ihrer beim Glase alten Weine dem Geschmacke der Pfälzer Gerechtigkeit wiederfahren lassen muß: eben so wenig hab' ich dem erst kürzlich gepreßten Traubensafte einigen Wohlgeschmack abgewinnen können; Es scheint, man muß schlechterdings ein Insasse dieser Rheingegend sein, um das herbe, leichtrauschende Wesen des jungen Weines angenehm finden zu können.

Dazu kommt hier die tolle Gewohnheit, daß jede Gemeinde eines Dorfs oder Städtchens nach den beendigten Geschäften der Erndte und des Kelterns sich häufig in ihrem Gemeindehause versammelt, um spekulirend die gewonnenen Weine aufzukaufen, welche die dürftigern Einwohner, die von ihrem Wingerte fast alleine leben, alsdann hier zu versteigern pflegen. Alle, die gegenwärtig sind, lassen sich dann den jungen Wein trefflich schmekken, und zwar jedesmal auf Kosten desjenigen, der mit seinem Gebote das eben versteigerte Faß erstehet.

Da aber manches übertrieben hohe Gebot oft bloß die Wirkung des Weines ist, der in solchen Versteigerungen häufig mit zu reden pflegt: so hat man weislich die Einrichtung getroffen, daß der Käufer zwei Tage nachher, einen Kauf, der seinen nüchternen Sinnen nicht mehr vortheilhaft scheint, wieder rückgängig machen kann; aber zur Strafe ist er dann verpflichtet, allen, während der Versteigerung ausgetrunkenen Wein zu bezahlen. Die Versteigerung beginnt dann von neuem, und gewöhnlich ist der Winter fast verflossen, wenn endlich alle Verkäufer ihre Weinvorräthe an Mann gebracht haben.

Daß die Sittlichkeit der Pfälzer im langen Rausche dieser Bacchanalien nichts weniger als gewinnen kann, läßt sich leichte denken. Ueberhaupt glaub' ich bemerkt zu haben, daß die Verdorbenheit der Sitten in diesen Gegenden bis auf einen ungewöhnlich hohen Grad gestiegen ist. Ich meine aber nicht allein die hiesigen Hauptstädte, die das mit den Residenzen des übrigen Deutschlandes bloß gemein haben mögten. Auch nicht ganz vorzüglich die Sitze eines Erzbischofs, und einer Menge müßiger, wohlgenährter Mönche und reicher, wollüstiger Kapitelsherrn, als von welchen es sich von selbst versteht, daß die Liederlichkeit da recht eigentlich zu Hause gehört. Nein, selbst auf dem platten Lande und in den kleinern Städten herrscht hier eine Immoralität, deren Ursprung ich mir hauptsächlich mit durch das viele Weintrinken in allen Ständen erkläre. Das Blut bekommt dadurch eine Menge feuriger Bestandtheile, die das unsrige nicht hat, und rollet gar zu flüchtig durch die Adern des Rheinbewohners. Wenn ich nun bedenke, wie sehr das Blut schon uns weit trägern deutschen Biertrinkern jeden Kampf mit der Leidenschaft erschweret; wie vielmehr muß es dann hier geschehen, wo ich nicht wahrnehme,

daß

daß veste Grundſätze — als der allein ſchützende Damm gegen die Fluthen der Leidenſchaften — verhältnißmäßig herrſchender wären, als bei uns! —

Einige beſondre Urſachen und Beförderungen der Immoralität dieſer Gegenden, mögen dann freilich noch hinzu kommen. So iſt der ungewöhnliche Luxus, und die hohe Verdorbenheit der Sitten, welche zum Beiſpiel zu Kreuznach, nach der einſtimmigen Verſicherung mehrerer dortigen Bürger, beſonders erſt ſeit funfzehn Jahren ſo allgemein Ueberhand genommen haben, großentheils in dem kurpfälziſchen Militär zu ſuchen, welches ungefähr ſeit ſo lange daſelbſt in Garniſon lag, und alle verderblichen Laſter der Hauptſtädte, wo es bis dahin einquartirt geweſen war, mit dahin verpflanzte. Daß der jetzige Krieg hier vollends alles, was noch unverdorben war, und alle gute Sitten mit der Wurzel ausrauft, läßt ſich leicht denken. Aber ſo bekannt es iſt, daß tauſend Uebel aller Art in dem ſcheußlichen Gefolge jedes Krieges zu ſein pflegen: ſo bin ich als Augenzeuge doch nun erſt ſo ganz überzeugt worden, daß und in wiefern die Bewohner eines Kriegsſchauplatzes in aller Rückſicht unendlich zu bedauern ſind.

Ich bin Ihnen, liebſter Freund, noch eine Merkwürdigkeit aus der Naturgeſchichte dieſer Gegend mitzutheilen ſchuldig. Hier bei dem Städtchen Flonheim findet man nämlich eine Verſteinerung aus dem Thierreiche,

reiche, welche, nach der Verſicherung hieſiger Gelehrten, in ganz Deutſchland weiter nicht gefunden wird. Von der Stadt aus gegen Mittag liegt ein Berg, in welchem neben den dortigen Steinbrüchen an einigen Stellen Seeſand gegraben wird, in welchem hier und da verſteinerte Haifiſchzähne eingemiſcht ſind. Ich ſelbſt habe mit mehrern unſerer Offiziere unter der Beihülfe eines gedungenen Arbeiters den Sand durchwühlet, um mich mit eigenen Augen zu überzeugen; und wir waren nicht nur ſo glücklich, mehrere dergleichen Zähne, die alle einzeln und ohne den Kinbacken angetroffen werden, auszugraben, ſondern unſer Herr Graf von S** fand auch einen durch und durch verſteinerten etwas gebogenen Spitzzahn von der Länge einer Hand. Wegen ſeiner Geſtalt, außerordentlichen Feſtigkeit, Schwere und inneren Fülle ſcheint er kein verſteinertes Thierhorn, ſondern vielmehr der Zahn eines Elephanten zu ſein. Aber woher, um des Himmelswillen, ein ſolcher Thierzahn neben und unter den Zähnen des Haifiſches? — und woher beides hier auf den Höhen Flonheims, ſo ferne vom Meere? — Wer hier noch an außerordentliche und gewaltſame Umformungen des Erdballs, durch welche die hieſige Gegend vielleicht erſt in Meeresgrund, und dann wieder in veſtes Land verwandelt wurde, zweifeln kann, der muß entweder ein größerer Freund von Wundern, oder wenigſtens gleichgültiger gegen die Geſchichte der Wahrſcheinlichkeiten ſein, als ich.

ich. Ich für mein Theil kann mich sehr freuen, wenn ich mir denke, daß ich die Naturreliquie eines Thieres besitze, welches wenigstens vor zehntausend Jahren in der nämlichen Gegend sein Wesen im Meere trieb, wo ich nach so vielen Jahrtausenden dem Kriege gegen die Neufranken zu Lande beiwohnte.

Man sagt mir, daß diese Merkwürdigkeit Flonheim's auch dem großen Naturkundigen Büffon nicht entgangen sei, und daß er schreibe, diese Haifischzähne würden in ganz Europa nur hier bei Flonheim und auf der Insel Malta gefunden. Ich habe diesen Schriftsteller, wie Sie, liebster Freund, leicht denken können, nicht in meiner kompendiösen Feldbibliothek; und muß daher das Nachschlagen Ihnen überlassen.

Zum Schlusse noch ein Paar Worte über den Bauer Isaak Maus, dessen interessante persönliche Bekanntschaft ich in der hiesigen Nachbarschaft gemacht habe. Er lebt im Dorfe Badenheim, zwischen Flonheim und Kreuznach gelegen, und wird Ihnen als Gelehrter und Schriftsteller schon aus den Gedichten bekannt sein, welche vor einigen Jahren unter dem Titel: Gedichte von Isaak Maus, Bauersmann zu Badenheim, zu Frankfurth am Main herauskamen. Der Herr General von B..., selbst Dichter und Schriftsteller, wünschte dies Wunderzeichen seiner Zeit ebenfals näher kennen zu lernen,

lernen, und schickte mich mit einer poetischen Epistel zu
ihm, um ihn zur Tafel einzuladen. Er versprach am
nächsten Sonntage, wo ihm sein Pflug einige Muße
gönne, zu kommen, und schickte dann die wohl einge=
kleidete Antwort auch schriftlich in Versen, deren poeti=
scher Werth ebenfals unverkennbar war, und den Scherz
der Gesandschaft vollständig machte. Das liebste dabei
war mir indessen, daß ich den Mann und seine Familie
unvorbereitet überraschen konnte. Diese traf ich in
froher häuslichen Geschäftigkeit, und ihn mit seinem
ältesten Sohne hinter dem Pfluge an. Er machte aus
Gefälligkeit für meine Begleiter und mich ein halbes
Stündchen früher, als sonst, Feierabend, trieb ruhig
und mit einer Unbefangenheit und Würde, die uns
gleich Anfangs Achtung für diesen Bauer einflößte,
seinen Ochsen vor sich her nach Hause, und dann erst
erbrach und las er die erhaltene Depesche. Es wird
mir schwer, Ihnen sein Bild zu entwerfen, weil ich
besorgen muß, daß Sie es vielleicht für das Ideal eines
ländlichen Philosophen, aber nicht für die treue Kon=
terfei des philosophischen Bauers M a u s halten
mögten.

Ich glaube den Mann durch und durch kennen
gelernt zu haben, denn ich aß nicht nur mehreremale
in seiner Gesellschaft bei dem Herrn General von
B..., sondern fand ihn seit zwei Monaten auch
häufig bei einigen vorzüglich denkenden Köpfen unter
den hiesigen Pfarrern, die einen freundschaftlichen

Umgang

Umgang mit ihm unterhalten. Je schärfer ich ihn ins Auge faßte, um so mehr habe ich ihn liebgewinnen und hochachten müssen, und um so stolzer bin ich auf seine mir geschenkte Freundschaft. Ich gestand ihm einmal aufrichtig, daß ich, vor dem persönlichen Bekanntwerden mit ihm, gefürchtet habe, Apolls Leier mögte den Zögling der Natur auf der einen Seite zwar ausgebildet und vervollkommnet, auf der andern aber eben dadurch auch desto bedürfnißreicher und unzufriedener mit seinem Stande gemacht, kurz ihm das Köpfchen verdrehet haben. Und mich dünkt, es gab hier und da Beispiele, welche diese meine Besorgniß allenfalls rechtfertigen könnten. Höchst angenehm ward ich daher überrascht, da ich meine Furcht durchaus ungegründet fand, und eine unerwartete Vollkommenheit nach der andern im Herrn Maus entdeckte. Er ist nicht allein ein bloß durch Mutter Natur ausgebildetes Dichtergenie, dessen Arbeit sich, nach dem Urtheile seines Freundes Gökingk und anderer Kenner, schon jetzt über den großen Haufen mittelmäßiger Dichter gar sehr erhebt; nein! er ist auch in seinem Berufe, was er sein soll — ein ausgelernter Oekonom, ein spekulirender Handelsmann, ein ruhiger, folgsamer Unterthan, ein artiger angenehmer Gesellschafter, — ja sogar ein durch Belesenheit und Umgang heller, duldsamer Theolog, ein eben so freimüthiger als bescheidener Philosoph, und — was mehr als dies alles sagen will — er ist dabei ein liebenswürdiger Hausvater, ein gewissenhafter Christ, ein redlicher Gottesverehrer.

Vielleicht

Vielleicht sind die Menschen, welche ähnliche schätzenswerthe Eigenschaften in sich vereinigen, nicht so selten, als der Misantrop behaupten mögte; aber außerordentlich ist es doch immer, daß Herr Maus alles, was er ist, auch ohne die Beihülfe wurde, wodurch den kultivirtern Ständen freilich das Geschäft der Ausbildung, besonders des Kopfes, leichte genug gemacht wird.

Woher hat der Mann, der unter Bauern aufwuchs, z. B. die gefällige Sitten, den bescheidenen Wohlanstand und die unverkennbare Unbefangenheit, womit man ihn in die größten Zirkel höherer Stände eintreten, und sich behaupten sieht? Freilich ist er kein Vielschwätzer, aber was er spricht, ist dafür durchdacht und hat Hand und Fuß; nie bleibt er eine treffende Antwort schuldig, auch dann nicht, wenn man ihn in Versuchung führt. Dazu kommt, daß es für den Bauer Maus um vieles schwieriger sein muß, sich in vornehmen Gesellschaften gut zu nehmen, als es für ihn sein würde, wenn er selbst zur Klasse der Honoratioren gezählt werden könnte, oder wollte. Die Einladungen zur Tafel der mainzischen Domherrn und Prälaten, welche von Zeit zu Zeit an ihn ergingen, scheinen das, was ich zu seiner Ehre sage, nicht unzweideutig zu verbürgen; und beweisen, daß diese Herren auch solche Männer schätzen, die von mehrerem, als dem, was gut schmeckt, zu sprechen wissen, und deren

deren Unterhaltung mit unter eine ernste Wahrheit durchwürzt, und immer gehörig durchdacht ist. Immer bleibt sich der Mann gleich, er mag den häuslichen Zirkel eines hiesigen Landpredigers froh machen, oder bei dem Koadjutor von Mainz, dem großen Dalberg, sein. Auch denkt er keineswegs kleinlich eitel genug, um sich zu einem dergleichen vornehmen Besuch besonders zu putzen, obgleich er, bei seiner Wohlhabenheit, das leicht könnte; nein! auch dann trägt er sich, wie dem Stande des Landmanns es zukommt, und die hiesige Landessitte es mit sich bringt; man bemerkt weiter keinen äußern Unterschied zwischen ihm und jedem andern pfälzischen Bauer, als etwa den einer auffallenden Reinlichkeit und Ordnung.

Ungeachtet Herr Maus durch seinen unermüdeten Fleiß als Landmann und durch seinen kaufmännischen Spekulationsgeist schon längst ein sehr wohlhabender Mann worden ist, und sich in seinen ältern Tagen bei Gemächlichkeit, Ruhe und einem guten Buche — wohl gütlich thun könnte: läßt er sich doch die sauersten Geschäfte seines Standes noch immer nicht verdrießen. Ich fragte ihn einmal, ob das ewige Einerlei mancher ländlichen Beschäftigungen einen Mann von so ganz ausgebildetem Geiste nicht zuweilen höchst lästig und langweilig sei, und warum er sich nicht in Ruhe setze. Er erwiederte eben so bescheiden, als belehrend: "Sie scheinen, in dieser doppelten Frage zu

gütig

gütig mir einen solchen Geist zuzutrauen, eigentlich sollte ich daher die Beantwortung von mir ablehnen. Ich bin indessen, einem Freunde zu gefallen, gerne eitel, und gestehe Ihnen aufrichtig, daß mich ein gewisses Gefühl von der Würde meines Standes bisher vor dieser lästigen Langeweile bewahret hat. Auch würd' es ja für meine Buben sehr traurig sein, wenn ich selbst den Stand lästig fände, dem ich sie widmen wollte. Zu dem Mechanischen des Feldbaues gehören übrigens auch mancherlei Kunstgriffe, die meinen Kindern den Unterricht darin noch nicht überflüssig machen. Dazu kommt, daß ich manchen halben Tag hinter dem Pfluge hergehe, ohne bei ihm zu sein. Meine mehresten Gedichte und prosaischen Aufsätze sind hinter meinen Ochsen verfertigt, obgleich erst am Feuerabend, oder am nächsten Sonntage, zu Papiere gebracht."

Ein andermal fragte ich ihn, warum er seinen ältesten Sohn, der ein offener Kopf zu sein scheint, und den er besonders zärtlich liebt, nicht studiren lassen wolle. Er antwortete mir hierauf mit einem seiner Gedichte, dessen wesentlicher Inhalt ungefähr dieser war: „Dann müßte ich nicht des Buben Vater sein, wenn ich ihn je einem Stande entzöge, in welchem ich selbst so glücklich, so zufrieden, und so geehrt lebe."

Aber wie, wenn nun der Sohn selbst keinen Geschmack an Ochsen und Pflug fände, und den zärtlichen Vater kindlich um die Erlaubniß zum Studiren ersuchte?

„Dann würde der Verstand ihm diese Erlaubniß vielleicht nicht versagen, aber das Herz würde sie ihm nicht gerne geben."

Wie so? was kann in jenem Falle das Vaterherz dagegen einzuwenden haben?

„Ich will es Ihnen sagen: Trotz meiner ausgebreiteten, und mancher höchst angenehmen und schätzbaren Bekanntschaft fehlt es mir bis jetzt doch noch ganz an einem wahren Herzensfreunde, den weder Stand noch Geburt über mich erheben. Diesen Freund nun bald an meinem ältesten Sohne zu besitzen, darf ich nur dann hoffen, wenn er sich freiwillig meinem Stande widmet."

Schon um dieser einzigen Aeußerung willen fühlt man sich hingezogen zu dem Manne, der so fein fühlt, und seine Familie so über alles liebt. Es ist eine wahre Wonne, ihn in dem frohen Zirkel der Seinigen zu sehen. Nicht bloß sein biederes, gutes Weib — nichts mehr und nichts weniger als eine Bauerfrau — sondern auch seine noch lebende Mutter, und alle seine Kinder hangen, wie Kletten an ihm. Zweckmäßiger hat noch kein Vater seine Kinder erzogen, liebevoller noch kein Lebensphilosoph in seiner Familie regiert.

Alles

Alles freuet sich, so oft er am Abend mit seinen Ochsen aus dem Felde zurückkehret. Aber er verbirgt sich dann auch nicht in der Einsamkeit, etwa um sich seinen gelehrten Beschäftigungen zu überlassen; Nein, mitten im lauten Kreise der Seinigen bringt er geschwind dasjenige zu Papier, was etwa sein immer thätiger Geist den Tag über bei seiner Feldarbeit zur Reife brachte, und dann überläßt er seinen von dem Tagewerke ermüdeten Körper der Ruhe, und seinen Geist den erheiternden Familienfreuden und den zärtlichen Gefühlen des Vaters, Sohnes und Gatten.

Jetzt liegt der zweite Band seiner Gedichte für den Druck bereit. — Ob er gleich die besten Dichter unserer Zeit, und so manches belehrende philosophische Buch nicht bloß gelesen, sondern recht eigentlich studirt hat: so würde man sich doch sehr irren, wenn man eine Bibliothek bei ihm suchen wollte. Die wenigen Bücher, die er eigenthümlich besitzt, sind Geschenke seiner Freunde und Gönner, die ihn reichlich mit Lektüren versehen. Da die Beschäftigungen des Kopfs — meinte er — nur Nebenbeschäftigungen für ihn wären, und seine Erben beim Pfluge bleiben würden: so dürfe er kein todtes Kapital in eine Büchersammlung stecken, als wodurch er seine Kinder berauben, und in den Fehler jener Prediger verfallen würde, von welchen das Sprichwort sagt, „sie hinterlassen nur Kinder und Bücher."

Held

Held Möllendorf, dem Herr Maus ebenfalls bekannt worden ist, veranstaltete vor kurzem eine Kollekte unter seinen Offizieren, kaufte dafür die kostbare neue Ausgabe der sämmtlichen Werke Wielands, und überschickte sie ihm zum Andenken an die **Preußen.**

Erst gestern wieder hat uns Freund Maus einen angenehmen Tag gemacht. Er war wieder der Gast des Herrn Generals von B... Dieser las seinem Gaste zum Nachtische einige vortreffliche Erzeugnisse seiner Muse vor. Herr Maus zog hierauf ebenfalls ein Papier aus der Tasche, und regalirte uns gegenseitig mit einem seiner neuesten Gedichte, das er meisterhaft declamirte, und ich Ihnen hier mittheile:

Lied eines deutschen Patrioten.

Biedre Deutsche! zeigt als Patrioten
Euch dem schwer bedrohten Vaterland.
Achtet nicht der dummen Pöbelrotten,
Die aus Irrthum eures Eifers spotten:
Sie beherrscht nur Unverstand.

Laßt das Herz fürs Gute nie erkalten,
Spannet nicht der Seele Schwungkraft ab;
Strömet gleich in mancherlei Gestalten,
Von der Allmacht Hand unaufgehalten,
Ungemach auf uns herab.

Kleine Geister weinen, oder fliehen,
Droht dem Vaterland' ein Mißgeschick;
Aber große Seelen — die bemühen
Sich, das Land dem Uebel zu entziehen,
Sei's auch oft mit wenig Glück.

Stehet

Stehet vest, ihr Brüder! auch im Leiden
Dem System des Weisen stets getreu!
Beugt, wie er, den Nacken sanft, bescheiden;
Suchet nie ein Uebel zu vermeiden
Durch verworfne Gleißnerei.

Nimmer, nimmer beuget eure Kniee
Vor dem stolzen Moloch Tyrannei,
Der die Unschuld würget! — Deutscher, fliehe
Diesen Greuel! Mit Verachtung ziehe
Still an seinem Thron' vorbei.

Reine Wahrheit sei uns immer heilig,
Ob auch grimmig Fanatismus schnaubt;
Tyrannei in jedem Fall' abscheulig,
Duldung aber über alles heilig —
Was auch unser Nachbar glaubt.

Staatsverfassungen sind Hypothesen;
Mit der Wahrheit ganz und gar vermählt
War noch keine! Alle geben Blößen,
Zeugen von dem eingeschränkten Wesen,
Was die Sterblichen beseelt.

Alle aber haben auch ihr Gutes;
Keine, die durchaus den Irrweg geht!
Und der Patriot lebt frohes Muthes
Unter jeder; wirket so viel Gutes,
Als in seinen Kräften steht.

Niemals wird er kühne Neurung wagen,
Die den graden Menschensinn empört.
Doch kann er, Verbeßrung vorzuschlagen,
Seinem guten Herzen nicht versagen,
Das den Trieb zum Wachsthum nährt.

Aber thörigt aller Welt zu spotten,
Und auf Eigendünkel und Genie —
Seinem Steckenpferd' — dahin zu trotten,
Ist kein Zug des wahren Patrioten;
Ist das Werk der Despotie.

Sich vor dieser Furie knechtisch beugen,
Ist Versündigung an Gott,
Und der Würde, die der Menschheit eigen.
Sklavenvolk mag ihr die Segel streichen,
Nicht, der deutsche Patriot!

Nachschrift aus Frankfurth am Main,
Ende Oktobers.

Es schien vor wenig Tagen, als ob der diesjährige Feldzug der Preußen noch blutig enden sollte. Die Franzosen waren in starken Kolonnen gegen uns im Anmarsch. Der Feldmarschall von Möllendorf ließ die ganze Armee auf der schönen Ebene zwischen Mainz und Alzei aufmarschiren, und erwartete in Schlachtordnung sehnlichst des Feindes. Aber dieser war kein Narr, daß er uns hätte angreifen sollen, da er uns so entschlossen fand. Er kehrte wieder um, und wir gingen darauf ruhig über den Rhein, und bezogen hier um Frankfurth die Winterquartiere.

Auch dieser Feldzug ist nun als beendet anzusehen. Ein neuer würde, da uns die Zufuhr auf dem Rheine abgeschnitten ist, und unsre Armee hier aufs höchste nur bis in den März des kommenden Jahres zu leben finden dürfte — unendliche Schwierigkeiten mit sich führen. Gott gebe, daß die Sage vom Frieden, der im Werke sei, zur Beruhigung Deutschlands und zum Besten der leidenden Menschheit hier und in Frankreich, bald in Erfüllung gehen möge. Leben Sie wohl!

Ende.

Verbesserungen im ersten Bändchen.

Seite 9 Zeile 2 lies: zu fallen, statt: fallen.
— 16 — 1 — werden — wird.
— 17 — 24 — angstvoll — ångstvoll.
— 34 — 7 — scheint — scheint es.
— 123 — 12 — Lorgnette — Lorgenette.
— 127 — 10 — Führer eine — Führer.
— 127 — 11 — und die — und.
— 140 — 13 — der — das.

Im zweiten Bändchen:

Seite 8 Zeile 5 lies: verkennet, statt: vorkommt.
— 10 — 6 — sie auch — sie.
— 14 — 14 — Parr's — Paar's.
— 14 — 23 — sie nicht — sie.
— 69 — 15 — einiger — einigen.
— 78 — 8 — mogten — mochte.
— 119 — 28 — werfen — werfern.
— 120 — 2 — einigen — einige.
— 127 — 2 — unter — inter.
— 127 — 20 — in — im.
— 161 — 26 — jähret — jähret.
— 161 — 28 — alles dieses — alles.
— 162 — 9 — Entfernung — Enfernung.

www.ingramcontent.com/pod-product-compliance
Lightning Source LLC
Chambersburg PA
CBHW031441160426
43195CB00010BB/811